Primera edición: julio, 2013

Editorial: La Cátedra Taurina
www.editorialacatedra.com
ISBN: 978-84-616-5531-1
Deposito Legal: M-22811-2013
Fotocomposición: Idealia
Impresión y encuadernación: Gráficas Garoal

AF435662

Portada: Tomás Ondarra.

Cartel de la portada (Biblioteca Nacional de España)

Título: Cuatro grandes corridas de toros Plaza de toros San Sebastián

Autor: Perea, A.-

Litografía de N. González (Madrid)-

Lugar de publicación: San Sebastián **Fecha:** 1880

Descripción

Texto del cartel: "Plaza de toros / San Sebastián / Cuatro grandes corridas de toros / Los días 8, 15, 22 y 29 Agosto 1880 / Dirigidas por los celebres diestros / Lagartijo, Frascuelo ..."

Imagen firmada "A. Perea" que representa escenas taurinas así como los retratos de Lagartijo, Frascuelo, Cara Ancha y Ángel Pastor

Memoria de la seducción: carteles del siglo XIX en la Biblioteca Nacional.

Agradecimientos: Tomás Ondarra, Gorka Zumeta, Antonio Petit Caro, Taurología, Idealia Comunicación y Artes Gráficas Caroal.

Dedicado a los Aficionados Taurinos Guipuzcoanos

Índice

Diluvio

Mano a mano vasco

La empresa de Madrid adquiere El Txofre

La Princesa de los ojos tristes

Agur

Illumbe

Arrasate/ Mondragón

Azkoitia

Azpeitia

Bergara

Deba

Eibar

Elgoibar

Fuenterrabía/Hondarribia

Hernani

Irun

Lezo

Mutriku

Oñati

Pasai Antxo

Pasai Donibane – Pasajes de San Juan

Rentería/Errenteria

Tolosa

Urretxu

Zarautz

Zestoa

Zumaia

Tercera Parte

Toreros guipuzcoanos

A

Aguirre, Pedro. *Fenómeno de Azitain*

Aguirretexe, J.R.

Aldabaldetrecu, Juanito. *Aldaba*

Altuna, Eduardo. *Montes*

Álzate, Adrián. *Guipuzcoano*

Ansola, Pedro María. *Txe de Eibar*

Argote, Ramón

Arizmendi, Antonio

Arizmendi, Gaspar

Arregui, José

Arregui, Juan. *Guipuzcoano*

Astigarraba, Cirilo. *Carnicerito de Azpeitia.*

Atxa, Eduardo. *Atxita*

Azkona, Ángel

Azurmendi, Juan. *Esparterillo*

B

Barkaiztegi, Martín. *Martintxo*

Bartolomé, Tomás

Bartolomé, Fernando

Basáuri, Martín. *Pedrucho II*

Basáuri, Pedro. *Pedrucho de Eibar*

Baz, Irineo. *El Charro*

Beldarrain, José Antonio

Beneitez, Jaime. ***Niño de Deba***

Bermejo, José

Bizkarrondo

C

Cabezón, Manuel

Cacho, Fernando. ***El Extremeño***

Carral, Alejandro

Castañón, Javier. ***Llapisera***

Castro, Demetrio

Cobo, Iker

Cruz, Manuel. *Morenito de Jaén*

Cuevas, José Carlos. *Joselito del Norte*

D

Díaz, Oscar. *EL Trueno*

Donostiarra

E

Edo, Ramón

Egaña, José Antonio

Egaña, Manuel. *Eulia*

Elorza

Elósegui, Antxon. *Maderas*

Esnaola, Manuel. *El Vascongado*

Esnaola, José

España, Alejandro

Etxaniz, Igor. *Kinttela*

Etxebarría, Félix

Etxebarría, José. *Bergarés*

Etxebarría, Pedro

G

Gallego, Antonio. *Cadenas*

Gallito de Eibar

Gastañaga, Julián

Gerriko, Xabier de

González, Basilio. *El Sastre*

González, Santiago. *Morenito del Boulevard*

Goñi, Miguel

Gorrotxategi, Bartolomé. *Plantillerito*

Gorrotxategi, José María

Granja, Julio

I

Ibaceta, J.C.

Ibargoitia, Francisco

Ibarrolaburu, José

Idiákez, Alonso de

Illaregui, Nemesio

Iraola, Eustaquio

Iraola, Juan Bautista

Iriarte, Miguel Ángel. *Miguelito Sarralle*

Ituarte, Antonio. *Zapaterillo de Deba*

Ituarte, *José. Zapaterillo El Joven*

J

Jardines

Jáuregui, Juan. *Tintorero*

Jucera, Ricardo. *Vascongado*

K

Kortadi, Rufino. *Marrus*

L

Laka, José Ventura. *El Marinero*

Lamarque, Luis

Larramendi, Julio

Larrañaga, Javier

Larrañaga, José

Lauzirika, Manuel

Lekuona, Josetxu

Llanos, Fernando

Loidi, Cipriano

López Arrizubieta, Víctor. *El Tonto de Euskal Billera*

López Iralagoitia, Luis. *Txikito de Rentería*

M

Martín Manjarrés, José Ramón

Martintxo

Mateos, Josetxu

Mayor, Santiago. *Barberillo*

Maza, Leopoldo

Mazzantini, Luis

Mena, Javier

Mendiluce, José Manuel

Mendiluce, José

Mentxaka, Juan

Morenito de Aizarnazabal

Mozo, Prudencio

Munilla, Eusebio. *Esparterito*

Munilla, Vicente. *Munilla Txiki*

N

Nestares, Víctor. *El Titi*

O

Olaberri, Alfonso

Olaizola, Lucas

Olaizola, Rafael. *Niño del Arrabal*

Olaricegui, José Antonio

Onsalo, Tomás de

Ozaeta, Bartolomé

P

Polo, Leonardo

Prada, Luis

R

Ramírez, Luís. *El Guipuzcoano*

Rekalde, Carlos. *Chiquilín*

Rekondo, José María

Rekondo, Txomín

Rekondo, Vicente

S

Cuarta Parte
Empresarios taurinos de San Sebastián

PRÓLOGO

Hace falta mucho más que afición para zambullirse en la historia, documentarse como lo ha hecho Antonio, seleccionar lo más interesante y curioso y, finalmente, arriesgar su propio dinero en la impresión de una obra como ésta, modesta en apariencia pero sólida en su aportación. Este *'Diccionario Taurino Guipuzcoano'* es una prueba más que fehaciente de la enorme afición que existe en nuestra provincia en torno a los toros. Si no lo hubiera leído, y alguien me contara estas grandes gestas de los toreros paisanos en alguna tertulia, no solo negaría la veracidad de los hechos; sino que le tacharía de charlatán. Pero sería un incrédulo gratuito.

Debo reconocer, y no me duelen prendas hacerlo, que se trataba de un mundo totalmente ajeno a mí, por cuanto nunca he sentido una atracción especial por el escenario taurino, más allá del aspecto estético, fotográficamente hablando, que encierra el llamado *arte de Cúchares* (*). Sin embargo, cuando Antonio me ofreció leer el resultado de sus investigaciones, la curiosidad del ignorante me cautivó y me condujo a una lectura pausada de unas historias que nunca hubiera podido imaginar en relación con los toros, y toreros, de mi tierra.

Los conceptos *"taurino"* y *"guipuzcoano"* se me antojaban, en principio, opuestos. De ahí que mi curiosidad tratara de adivinar la relación existente entre ambos. Y puedo decir que el libro consiguió embaucarme de tal manera que lo leí de un tirón, aunque la relectura admite otros caminos, más parcelados. Cada página constituía una auténtica sorpresa para mí, lector neófito. Y me divertía.

El trabajo de Antonio Fernández Casado, bregado en otras lidias editoriales, transcurre desprovisto de cualquier empaque pretencioso y avanza, seguro, capítulo tras capítulo, desgranando las hazañas de los diestros guipuzcoanos, sin darse importancia; cuando detrás de cada nombre, de cada población, de cada coso, hay mucho trabajo contenido. Y hay que aplaudirle porque lo suyo también es una proeza.

Este libro tiene dos lecturas: la anecdótica, que colmará -estoy seguro- a quien se acerque a ella con la misma curiosidad que me impulsó a mí; y la documental, por cuanto el autor deja por escrito una obra que servirá de consulta imprescindible en tiempos venideros.

Fernández Casado se atreve en su modestia, tan contundente, a contrariar a la otrora todopoderosa Enciclopedia *Cossío*, cuando ésta niega la existencia de una raza autóctona de toros bravos vascos. El autor de este DTG subraya la existencia de dos castas –a falta de una- denominadas *Betizu* y *Montxina*, criadas en Deba y Las Encartaciones (Bizkaia), *"que solo embisten, a veces, cuando se sienten acosadas"*.

La prestigiosa ganadería sevillana Miura, cuya historia se remonta al año 1842, también tiene –según Fernández Casado- un pasado relacionado con el País Vasco, e incluso *"parece que está probado que el apellido Miura es de origen vasconavarro –procedería de la zona del Baztán- que, traducido al castellano, significa* muérdago".

La relación de curiosidades prosigue en las páginas de este 'Diccionario Taurino Guipuzcoano' captando el interés del lector, como cuando el autor hace un exhaustivo recorrido por los diferentes emplazamientos que ocuparon las plazas de toros en San Sebastián. Sin duda el *Txofre* concentró muchas páginas gloriosas de la historia de los toros en Donosti, que enumera el autor con profusión de datos, como la *encerrona* que se programó el 24 de julio de 1904, al presentar, juntos en una jaula a un toro de la ganadería de López Plata, y un tigre. La expectación fue tal que la reventa alcanzó precios astronómicos. Entre el público, que abarrotaba la plaza, se contaban mujeres y niños. Al final, el espectáculo fue más bien aburrido, a excepción de cuando una de las embestidas del morlaco hizo que los barrotes cedieran y las dos fieras se liberaran. El pánico llegó luego, con los disparos de las fuerzas del orden, a los que se sumaron algunos espontáneos desde las gradas. El balance de la *broma* fue una persona muerta -un ciudadano francés- y numerosos heridos. La *bestialidad* terminó en tragedia.

Este DTG confirma, siempre con datos, cómo nació la Semana Grande donostiarra, propulsada por el ayuntamiento, el casino y la plaza de toros de Atotxa (anterior al *Txofre* en el tiempo), lo que certifica que nuestra *Aste Nagusia* tiene un marcado origen taurino, que ahora algunos le niegan.

En cuanto al número de toreros, entre diestros, banderilleros y monosabios, supera los 125 nombres. La cantidad, de entrada, asombra. Pero mucho más, la calidad del toreo guipuzcoano, cuando el autor describe sus cualidades. Entre los nombres que atraen el interés del lector, el del pintor eibarrés Ignacio de Zuloaga que reconoce, a través de una cita, que *"No fui torero porque el ser torero es mucho más difícil que ser pintor, y conste que considero la pintura como algo dificilísimo"*. A pesar de ese respeto, Zuloaga toreaba *"como los toreros que tan insuperablemente pintó"*, según Antonio Díaz Cañabate.

Por último, y sin que el orden desmerezca la aportación, Antonio Fernández Casado se ha ocupado, con primor, de seleccionar las ilustraciones que acompañan a su *Diccionario*, sumando al conjunto un interés añadido, fruto de las llamativas imágenes que ayudan a entender mejor el contenido del libro.

Y concluyo, no se trata de destripar los atractivos del libro, sino solo de apuntar, algunos –pocos- a modo de aperitivo. Este *Diccionario Taurino Guipuzcoano* constituye desde luego un suculento menú no solo para los taurófilos, sino también para los amantes de la historia de la ciudad –en cuyo listado me incluyo con devoción- porque me atrevo a afirmar, sin correr ningún riesgo, que muchos de los datos comentados sorprenderán incluso a los lectores más avezados en la crónica provincial de Gipuzkoa.

Enhorabuena Antonio, por poseer una afición tan arraigada que te ha conducido a sumergirte en las bibliotecas para enriquecerla y, lo más importante, por tu férrea voluntad de compartirla con todos los guipuzcoanos, propios y adoptivos; incluso con aquéllos, como servidor, que no acertaban a ver la conexión existente entre 'toros' y 'vascos', cuando la historia demuestra -aquí queda certificado- que, también en esto, fuimos un poco pioneros. ¡Y yo sin saberlo!

Gorka Zumeta, *periodista donostiarra*

(*) *Expresión acuñada en honor del torero sevillano Francisco Arjona Herrera (1818-1868), apodado de igual manera.*

Primera Parte

Tauromaquia vasco navarra

José Ortega y Gasset sitúa el origen del toro de lidia en varias regiones centroeuropeas y, tal vez, nórdicas. El filósofo madrileño afirma que el actual cornúpeto fiero procede del mítico Uro, cuyos últimos ejemplares, alrededor de 1727, aún pastaban al sudoeste de Varsovia. Estos postreros ejemplares previsiblemente atravesaron la cordillera pirenaica en busca de pastos en las regiones peninsulares de Navarra, Castilla y Andalucía, en las que se acabarían asentando; lo que, con el transcurso del tiempo, daría lugar a tres tipologías de ganado bravío de características diferenciadas. Y es en las tierras norteñas donde se encontraron las primeras referencias acerca de las peculiaridades específicas del burel de procedencia navarra, de perfiles similares a los que criaba, entre otros terratenientes, Nazario Carriquirri:

"Era muy pequeño (el toro navarro), de cuerpo corto, pero nerviosísimo. Era el toro "revoltoso "por excelencia; es decir, que se revolvía con superlativa velocidad en pocos palmos de terreno".[i]

En opinión de José María Busca Isusi (Zumarraga, 1916-1986), la geografía tauromáquica vasca comienza en las montañas pirenaicas. Más o menos, en la *muga* que delimita las provincias de Huesca, Navarra, Zaragoza y La Rioja, desde donde se extiende hasta las tierras vizcaínas y los límites con el Río Ebro y la comunidad de Cantabria. Para el especialista en costumbrismo vasco, éste es el mismo triángulo ganadero al que se refiere Telésforo de Aranzadi (Bergara, 1860-Barcelona, 1945), quien atestigua que desde tiempos muy remotos, se practicaba el toreo de características atléticas en las fiestas de la mayoría de los pueblos vasco navarros: basado en carreras, recortes y una gran variedad de saltos, que era el estilo prevalente hasta la aparición de Pedro Romero, el auténtico revolucionario de la Lidia en términos similares a como se conocen en nuestros días. [ii]

Al parecer, los anteriores argumentos fueron expuestos personalmente por Busca Isusi al historiador taurino y miembro de la generación del veintisiete, José María de Cossío (Valladolid, 1892-Madrid, 1977), quien al parecer habría avalado su hipótesis acerca del origen del toreo a pie en suelos vasco-navarros.

De acuerdo con el criterio de Cossío, nunca han existido ganaderías de ganado bravo en las provincias vascas, de manera que la mayor parte de los astados que habitualmente se corrían en sus redondeles procedían de las cercanas ganaderías de Navarra y Castilla. Argumento que no es totalmente exacto pues parece probado que al menos existen dos razas de ganado fiero autóctonas, que podrían proceder del originario Uro navarro, que se crían en los montes guipuzcoanos de Deba, y vizcaínos de las Encartaciones, a las que se denomina *Betizu*[iii] y *Montxina*, que solo embisten, a veces, cuando se sienten acosadas.

El origen de la lidia

Esta confirmado que se promovieron corridas de ganado fiero en público por primera vez, el 27 de enero de 1612, en Valencia, [iv]en términos similares a como se conoce en nuestros días. Por el contrario, existe la certeza de que el toreo a caballo -muy anterior a la lidia a pie- es la raíz de la que nace el actual espectáculo taurino. Si bien, parece claro que los actuales lidiadores, capa en mano, son los continuadores del oficio que efectuaban los antiguos lacayos, quienes, desde tiempos inmemoriales, ayudaban a sus señores en sus enfrentamientos festivos con las reses bravías.

Para Busca Isusi, uno de los primeros festejos taurinos del que se tiene constancia escrita tuvo como escenario una plaza pública de Barea (Logroño) con motivo del enlace matrimonial entre la princesa Urraca y el rey García IV de Navarra.

La casta Navarra

Fueran o no los mozos navarros los primeros especialistas en burlar las acometidas de las fieras bravas, José María Busca afirma con rotundidad que el burel de casta navarra, cruzado con reses andaluzas, ofrecía unos resultados extraordinarios, llegando a asegurarse que algunas de las principales características de la reses de Miura, proceden de un cruce de vacas de este hierro con varios sementales de procedencia navarra; opinión, que al parecer, habría refrendado el ganadero sevillano. Al mismo tiempo, parece que está probado que el apellido Miura es de origen vasco –procedería de la zona del Baztán- que, traducido al castellano, significa *muérdago*.

De igual manera parece demostrado, que una res de la ganadería de Joaquín del Val (antes de Pérez Laborda) de nombre 'Murciélago', se lidió en Córdoba la temporada de 1879. Este burel, tras recibir 24 varas, ofreció un juego tan completo que fue indultado y regalado, como premio, a *Lagartijo,* quien a su vez se lo habría cedido al señor de Zahariche quien, una vez le curó las heridas, le convirtió en semental.

Existen otros antecedentes acerca del ganado bravo de origen navarro. Uno de los más antiguos se remonta al siglo XVI, época en que el licenciado Juan Gutiérrez Altamirano, primo de Hernán Cortes –a quien acompañó en la conquista de México- transportó al país americano doce parejas de reses bravas del rebaño navarro, las cuales constituyeron la base fundacional de la ganadería de Atenco, que ha mantenido desde entonces las características originarias de los bureles de Zalduendo y Carriquirri. Al parecer, unos años después, el mismo criador charro importó otras cincuenta vacas de vientre y varios sementales de casta navarra.[v]

A la par, la Tauromaquia de José Daza recoge algunas de las principales características de los encastes de ganado navarro; ejemplares a los que etiqueta de: *pequeños de altura, gran bravura, y más astucia*. La fiereza del toro navarro hay quien se la atribuía al consumo regular de pastos conocidos como *furos*, procedentes de la Ribera navarra.

Estilo de lidia vasco

Consecuentemente, parece clara la existencia de una tipología de casta navarra, una de cuyas variantes, la *Betizu*, se cría en las sierras de Deba, con sus propias características. Al mismo tiempo, parece que existe un estilo ancestral de burlar las embestidas del ganado fiero, que durante siglos han llevado en sus genes los toreros navarros, y que resumió el propio Ortega y Gasset:

"...los andares, posturas, gestos del torero son la proyección espectacular del repertorio de movimiento que los hombres ejecutan en su vida cotidiana".

El filósofo afirma que existían en el pueblo llano dos modos diferenciados de moverse y gesticular específicos de los estoqueadores de origen vasco, que se ponían de manifiesto a la hora de burlar las embestidas de las reses de lidia:

"En la moción y ademán del vasco se advierte como principio el ángulo, el zigzag y predominan los movimientos rápidos. Pueden todavía observarse en cualquier momento, pero más claramente en los bailes de aquella tierra, el aurresku, por ejemplo, adonde han pasado de la calle y de la sidrería".

En el estilo diferenciado de burlar al cuadrúpedo ofensivo en que se sustentaba la manera de practicar la lidia de reses fieras, el intelectual madrileño encuentra un nuevo matiz diferencial entre los toreros norteños y del sur:

"La diferencia entre ambos estilos (el andaluz y vasco navarro) de moción encajaba admirablemente en la diferente condición de los toros criados en ambas regiones. Se comprende que la suerte más característica del vasco navarro fuese el quiebro, que es el manejo más veloz para engañar al animal. Lo propio acontece con el lance "a la navarra". Ejecutado como sus inventores lo hacían, es decir, que el hombre, al terminar el lance dando la salida al toro, retira la capa y gira velocísimamente sobre sus talones de modo que el nervioso torillo al revolverse con su celeridad habitual se encuentre ya en suerte al diestro".

Lance a la Navarra

El lance de capa conocido como 'la Navarra' forma parte del abecedario básico de la Tauromaquia. Es un pase muy antiguo que continúa vigente en nuestros días, tal como lo recuerda la monumental enciclopedia taurina, 'Los Toros'. Esta suerte es una variante, o adorno, del lance de frente o verónica, de acuerdo con la descripción que de la misma aprecian tanto María Busca Isusi como Cossío:

"Lo único cierto es que la antigüedad de la Navarra es considerable, ya que Pepe Hillo (1754) la incluye entre las suertes más corrientes en su época"... (...) "Su nombre y su carácter indican su procedencia del ágil y movido torear primitivo de a pie que practicaron diestros navarros en los orígenes del toreo profesional.

Análisis que concuerda con el criterio de Ortega y Gasset, quien defiende el origen del toro y características del toreo en la región navarra. No se puede atestiguar con exactitud quién fue el primer diestro que interpretó el pase de la Navarra en un auditorio público. No obstante, parece comprobado que concuerda con la aparición de los primeros intérpretes del toreo a pie, y las características innatas de los primeros matadores vasco-navarros, pues los autores de la tauromaquia de Guerrita afirman que uno de los primeros en interpretar esta suerte fue *Martintxo*.

Tal como recordó el periodista, Vicente Talón, tomando como referencia un escrito del investigador del folklore vasco, Juan Ignacio Iztueta[vi] (Zaldibia, 1767-1845), quien hace referencia a la puesta en escena -ambiente musical incluido- y a las características que conllevaba la celebración de funciones taurinas, a finales del siglo XVIII, con motivo de las fiestas en los pueblos forales:

"A la salida de la plaza de toros, toretes, bueyes o vacas para divertir a la gente, se solían tocar unas melodías muy antiguas y muy especiales: primeramente las llamadas de toros, de digna recordación, y, tras éstas, otras alegres de saltos: todas sin duda muy adecuadas para este espectáculo, las cuales solían tocar antiguamente los vaqueros al guardar y pastorear sus respectivos ganados" (...) "Se organizaban también fiestas y esparcimientos con ocasión de los toros; se ponía mucho cuidado para traer los mejores toros, toreros y matadores; lo mismo que para dar con los mejores dantzaris de Guipúzcoa, ya que el

día de fiesta se danzaba de rigor, tres bailes de hombres. De este modo uno antes de la corrida del mediodía. El segundo por la tarde del mismo modo; y, el tercero, al finalizar las corridas".[vii]

Sokamuturra en la plaza de San Antón (Bilbao), según una obra de José Arrue.

Sokamuturra

No está claro el origen del *sokamuturra* o toro ensogado, aunque se podría aseverar que está relacionado con los ancestrales oficios del pastoreo y la caza. Y, que desde la noche de los tiempos, practicaba el hombre primitivo para poder subsistir; porque necesitaba cazar el ganado fiero a campo abierto. Para llevar a efecto esta faena se valía de algunas sogas, con las que controlaba las embestidas naturales del ganado arisco, al que conducía a los caseríos, sin que, en el intento, faltasen las consiguientes carreras, golpes y cogidas.

Julio Caro Baroja sitúa el origen del toro ensogado, enmaromado, de cuerda, o *sokamuturra,* en plena edad media, coincidiendo con la celebración de las diversas festividades religiosas, así como para celebrar bautizos y esponsales y, de manera especial, coincidiendo con las visitas de determinadas personalidades gubernamentales.

Tal vez, el *Sokamuturra* sea la variante más plebeya de las fiestas taurinas. En cualquier caso, este tipo de espectáculo continúa vigente en numerosos pueblos de Euskadi con motivo de sus fiestas patronales. En las localidades de Azpeitia y Tolosa, ya aparece este tipo de entretenimiento en 1715. Por su parte, Labayru, en su 'Historia del Señorío de Bizkaia', relata cómo los *sokamuturras* son una de las diversiones favoritas del pueblo llano alrededor de 1730.

De manera resumida, el *Sokamuturra* consiste en la aparición -en las calles y plazas públicas-, de una o varias reses bravas, con frecuencia vacas viejas y más que resabiadas, con una, o varias, sogas atadas al cuello o cornamenta, que sirven para controlar sus embestidas, y evitar que prenda a las personas con las que se topa en el recorrido. Al mismo tiempo, la gente trata de quebrar, y evitar la embestida de la fiera. Otra variante de este espectáculo, consiste en anclar la cuerda a un punto determinado del recorrido, siendo la longitud de la soga lo que limita los movimientos de la res.

Hay numerosas localidades donde son los propios mozos quienes manejan a su antojo la maroma. A veces, situándose por delante del ganado, al que obligan a seguir el recorrido previamente señalado. En algunos pueblos navarros se opta por soltar la cuerda para que el toro se mueva a su libre albedrío, y solo se sujeta la soga cuando es imprescindible controlar las embestidas del bovino.

No obstante hasta hace unos cuantos años, en Lodosa no se colocaba ningún tipo de vallado en el recorrido del burel, de manera que la misma podía aparecer de improviso en cualquier punto de la población, sin previo aviso. Por suerte, en los últimos años, se ha reglamentado la celebración de este tipo de espectáculos, y es obligatorio delimitar y proteger el escenario.

Junto al *sokamuturra*, existe en el área geográfica vasca dibujada por Aranzadi, el llamado Toreo Landés, igualmente basado en saltos y recortes, estilo que contiene algunos elementos originarios del estilo navarro de ejercitar el toreo.

Toreros vasco navarros

Parece evidente que existe una raza de toro fiero autóctono, un estilo, y diversas suertes de la Lidia de inequívoco origen vasco navarro. Amén de situarse a este territorio como uno de los primeros territorios en los que se practicó el toreo a pie. De la misma manera, han existido numerosos estoqueadores autóctonos. De nuevo, Ortega y Gasset, recuerda que fue el navarro, Pascual Zaracondegui, el primer espada que contó con una cuadrilla de ayudantes estructurada en términos muy similares a como se conoce en nuestros días.

En lugar prominente encontramos al mítico estoqueador guipuzcoano, *Martintxo,* tal vez el inmortalizado por Goya, al que cada historiador, en función de sus intereses regionales, le otorga la naturaleza vasca o aragonesa. Si bien es muy revelador el origen netamente vasco del nombre. Y fue el mismo pintor aragonés quien dejó inmortalizados en los aguafuertes de su Tauromaquia, a los estoqueadores navarros: Bernardo Alcalde *El Estudiante de Falces* (1709) y Juanito Apiñani (Calahorra).

Fiestas religiosas y corridas de toros

San Juan, San Pedro, San Marcial, San Fermín, Santiago, Santa Ana, San Ignacio, la Virgen de Agosto, San Roque, San Bartolomé, la Virgen de Septiembre, La Magdalena, Santa Anastasia, son algunas de las conmemoraciones religiosas que desde tiempos inmemoriales sirven de excusa para la celebración de corrida de reses bravas en las plazas públicas de la mayoría de las localidades guipuzcoanas, entre las que sobresalen las de, Tolosa, Eibar, Mondragón, Rentería-Errenteria, Azkoitia, Azpeitia, Deba, Donostia-San Sebastián, Zestoa, Elgoibar, Fuenterrabía, Irun, Pasai Antxo, Pasajes de San Juan, Mutriku, Urretxu, en las que desde tiempos inmemoriales, se ha corrido ganado bravo de los montes de Lastur y Navarra. Por añadidura, los primeros encargados de estoquear estos festejos, entre los siglos XVII y XVIII, eran espadas de origen autóctono, entre los que eran los más conocidos: Bartolomé Ozaeta, José Ibarrolaburu, Juan Bautista Iraola, José Antonio Olaricegui, Xavier de Guerriko, Alonso de Idiákez...

Origina faena de tienta en Astigarrabia, 1915. [viii]

La revista 'Palmas y Pitos', correspondiente a los primeros días de 1915, informaba de la celebración de unas sorprendentes faenas de tienta de ganado de Lastur en un cercado –a modo de plaza de tientas- de Astigarrabia, barrio de Mutriku, novedad inédita por estos parajes, y a la que acudieron numerosas personalidades y aficionados de Bilbao, San Sebastián, Eibar, Elgoibar...

Sorprendentemente, las faenas camperas estuvieron promovidas por Ignacio Zuloaga, quien contó con la complicidad de varios forofos del *botxo*. La reseña del suceso, informa que, *"el nuevo ganadero ha cruzado su ganado con un semental salamanquino, y esperamos que con su fe, y constancia logrará abundantes éxitos"* tal como informaba la mencionada revista *'Palmas y Pitos'*.

En la referida jornada se tentaron nada menos que veintitrés becerras, de las cuales nueve se reseñaron como superiores. Y, como no podía ser de otra manera, el protagonismo, en las faenas de selección, lo asumieron los novilleros locales, *Plantillerito, Atxita* y Seitrin. Como final de la fiesta, se soltaron cinco vaquillas para el disfrute de los aficionados allí presentes, destacando entre todos, el pintor de Eibar, *"que toreó muy bien"*.

San Nicolás de Lastur

En el valle de Lastur, perteneciente al municipio de Deba, se sitúa, entre las cuencas de los ríos Urola y Deba, un natural y recoleto coso taurino, bautizado como la 'plaza de San Nicolás', rodeado de caseríos y casas solariegas, que marcó la explotación ganadera como una de sus principales actividades económicas. Perpendicular al valle, y en dirección a Elgoibar, corría el antiguo Camino Real, por el que posiblemente llegarían las manadas de toros fieros procedentes de Navarra y Castilla.

En esta misma área geográfica se encuentra la ganadería de ganado bravo de San Nicolás de Lastur, o simplemente de Lastur, casi seguro una mezcla del toro autóctono o *Betizu*, con diversos sementales de procedencia navarra y, posteriormente, castellana. Las reses de la ganadería de Lastur se corrían al menos desde mediados del siglo XIX en la mayoría de las localidades guipuzcoanas.

En esta comarca, tradicionalmente ganadera, sobresale el ganado bravo del hierro de Saka, que se ha corrido en miles de *sokamuturras*, y novilladas menores, coincidiendo con las fiestas patronales de la mayoría de los pueblos.

La ganadería de bureles bravos que pastaban en los montes de Deba pertenecía a Antonio Artetxe *Saka*, quien dedicó toda su vida a criar ganado bravo en su "cortijo" de Arriola para ofrecer divertimento en las fiestas patronales, en las que se corrían *sokamuturras* con ganado bravo, normalmente embolado, del *marqués de Saka*. Cuando falleció el ganadero de Deba, el corresponsal d 'El Diario Vasco' le brindó una precisa necrológica que compendiaba su personalidad y oficio:

"Hombre de recia personalidad, netamente euskaldun, vestido invariablemente con el atuendo baserritarra, makila en la mano y acompañado por un perro, inseparable compañero de su amo, mostró su imagen y humanidad por las plazas de toros, improvisados cosos taurinos o simples plazas de pueblos de toda Euskadi Sur, adonde acudía con los toros embolados a hacerles trabajar en la sokamuturra."

Los bureles de esta ganadería protagonizaron las corridas de *Cocherito de Bilbao y Machaquito*, a quien por cierto cogió un novillo de Saka, en un festejo celebrado en Deba, a finales del siglo XIX.

Actualmente, es Asensio Artetxe, su hijo, quien continúa la tradición de criar ganado fiero en las laderas del monte Izarraitz, no muy lejos de la playa, mezclado con sementales navarros y salmantinos y, tal vez, *Betizu*, aunque el ganadero aseguraba que las actuales reses de su caserío-ganadería están cruzadas con sementales de Miura y Victorino Martín.[ix]

Miembros de Euskal-Billera protagonizando un festival taurino en el Txofre.[x]

Sociedad Recreativa Euskal-Billera

Los donostiarras son personas muy tradicionales. Una parte de sus creencias más firmes se asienta en su pertenencia a alguna de las distintas sociedades populares (San Martín-Txoko, Gaztelupe, Unión Bella Iruchulo, Donostia Zarra, Unión Artesana, Euskal-Billera, Urumea, Umore Ona...), las cuales desde su creación tienen, entre sus fines lúdicos, proporcionar a sus socios un "sedante" laboral a través de la organización de actividades de carácter cultural, benéficas, o gastronómicas. No obstante entre las principales actividades que, desde su fundación, promovía la sociedad Euskal-Billera –'reunión vasca' en el idioma de Cervantes- se encontraba la organización de becerradas taurinas con fines caritativos.

Así que, en el calendario anual de actividades de entretenimiento de estas asociaciones, se promovían excursiones, comidas populares, bailes, reparto de juguetes a los niños hospitalizados, entrega de ropa usada a los vecinos más necesitados –era tradicional hacerlo coincidiendo con las fiestas de Pascua-, a los *aitonas* residentes en asilos... Y, sobre todo, aportan la animación imprescindible a las Tamborradas de San Sebastián, a las fiestas de Carnaval y durante la Semana Grande.

Entre los años de 1902 y 1905, las autoridades municipales prohibieron la celebración de los clásicos *sokamuturras*. Esta circunstancia imprevista sirvió a los socios de la Euskal-Billera para promover la organización de las Becerradas Taurinas, cuyos beneficios dinerarios se destinaban a sufragar iniciativas de carácter benéfico entre 1905 y 1963, con la excepción del paréntesis de la Guerra Civil. Con el transcurso del tiempo, las celebraciones taurinas se convirtieron en una de las citas clásicas de la temporada donostiarra. Al mismo tiempo, la Sociedad promovía este mismo tipo de festejos cómico -taurinos en otros pueblos de la provincia.

En la primera velada taurófila de 1905, a beneficio del Comité de Antituberculosos local, se generó un beneficio de 6.128 pesetas. Al igual que el superávit de las fiestas de Carnaval de 1909, se destinó de manera equitativa a ayudar a costear el trabajo del Sanatorio de Tuberculosos de Donostia, a los *"supervivientes de las catástrofe italiana, y a algún otro fin altamente humanitario".*

Con motivo de las fiestas liberales del 2 de mayo de 1914, la Sociedad donostiarra se desplazó a Bilbao para imponer las insignias de la Billera, y nombrar socio honorario al torero, Serafín Vigiola *Torquito*, en agradecimiento a su participación en varias becerradas. Este mismo año, y coincidiendo con la inauguración de la línea de ferrocarril, San Sebastián-Pamplona, la Euskal-Billera promovió una nueva novillada humanitaria. Todavía, un invernal 8 de diciembre de 1921, promovió una "estudiantina" que recorrió la ciudad postulando a favor de los soldados del ejército de África, que cuando finalizó, comprobaron que habían recaudado 10.000 pesetas.[xi]

Desgraciadamente, una noche de noviembre de 1928, cuando se encontraba reunida la junta directiva de la sociedad easonense en pleno, su ex presidente y popular músico, Gregorio San Vicente, sufrió un inesperado ataque cardíaco que le causó la muerte instantánea.

Estos mismos días, el alcalde de Donostia, José María Paternina, decretó algunas restricciones en el programa de festejos con motivo de las fiestas de San Sebastián, lo que provocó el enfado de los socios de la mayoría de las Sociedades populares, quienes aprovecharon el incidente para manifestarse frente al domicilio particular del primer edil, a quien *obsequiaron* con una enorme "cencerrada" musical de protesta.

De manera que para remendar el entuerto, unos días más tarde, el corregidor *donostiarra*, acompañado de varios concejales, se personó en la sede de Euskal Billera para intentar arreglar el agravio causado. Para ello prometió gestionar la imposición de la Cruz de Beneficencia a la Sociedad, en reconocimiento a sus innumerables iniciativas de carácter benéfico, a la vez que prometió construir un frontón, habilitar una plaza pública en la parte vieja, y dar el nombre del maestro Esnaola a la calle de San Jerónimo, y la del músico, Sarriegui –el popular compositor de las marchas de la Tamborrada donostiarra-, a la plaza de las Escuelas.

Antes de comenzar el curso de 1929, y coincidiendo con la festividad del patrón de la ciudad, se inauguraron dos pabellones nuevos en el asilo Reina Victoria de Zorroaga, al que se dotó con otros tantos comedores especializados para atender a ancianos y niños, que requirieron la inversión de 48.000 pesetas, el primero, y de 61.000 pesetas, el segundo, el cual no se consiguió inaugurar hasta 1938.

Una parte importante de esta inversión se sufragó con los beneficios que generaron las becerradas taurinas. [xii]

El festival taurino de 1930 cumplió un fin muy elevado: recaudar recursos a favor de la Liga Anticancerosa de Guipúzcoa; resultados dinerarios a los que se sumaron los donativos recibidos de otras sociedades y de ~~los~~ particulares. No obstante, en esta ocasión hubo que lamentar la actuación que un indeseable, que haciéndose pasar por el presidente de la Euskal Billera, se quedó con numerosos donativos. En cualquier caso, los beneficios obtenidos sumaron la cifra de 15.000 pesetas, a pesar de tener que costear el arrendamiento del coso y el resto de los gastos operativos. Entre los actuantes se encontraba el rejoneador "aristócrata", Carlos Melgar, conde de Villamonte, que residía en la capital donostiarra una gran parte del año.

Mauricio Etxaniz Nabarte (San Sebastián, 1888) fue durante más de veinte años el presidente de la sociedad Euskal Billera. En la edición de 1930, *Papa* Mauri, como se le conocía popularmente, por ser propietario del comercio '*Casa Mauri: Colchonería y Muebles*' (de la calle Fermín Calbetón, en el corazón de la parte vieja), fue elegido por aclamación. Su mayor éxito consistió en el impulso decisivo a las Tamborradas infantiles. En las becerradas acostumbraba a interpretar el personaje de Tancredo, vestido totalmente de blanco y con una boina roja por montera. La temporada anterior, la función taurino-benéfica ofreció uno de los tradicionales desfiles por las calles donostiarras, a cargo de una nutrida comitiva de tamborreros infantiles, a la que precedían varios heraldos, lujosamente vestidos, que portaban el escudo y la bandera de Donostia, acompañados por la Banda de la Unión Bella Iruchulo:

"A continuación del desfile de todos los elementos que han de tomar parte en dicha fiesta por las calles de San Sebastián; el saludo de las lindas presidentas en la plaza de toros, una vez corrida la llave por los dos simpáticos jinetes, un niño y una niña, los dos de doce años de edad pertenecientes a familia conocida de la aristocracia guipuzcoana".

La becerrada generó 12.289 pesetas de beneficio que, en esta ocasión, se entregaron a la Liga Anticancerosa de Guipúzcoa. Para ejercer de directores de lidia llegaron desde Bilbao los hermanos Agüero. Esa tarde los billeristas, *Jardines y* Cortajarena actuaron de banderilleros a las órdenes de *El Tonto*.

Del mismo modo, el 5 de septiembre de 1931, las sociedades *koxkeras* (Euskal-Billera, Gaztelupe, y la banda de música de la Unión Bella Iruchulo), protagonizaron un nuevo festival taurino-musical; en esta ocasión promovido por la Junta de Beneficencia donostiarra con objeto de aminorar los gastos que generaba el funcionamiento de la Casa de Misericordia, el Hospital de San Antonio Abad, y el Hospital de Nuestra Señora de las Mercedes. Esa tarde, Juanito Aldabaldetrecu dio muerte a un becerro con la ayuda de *El Tonto* de Euskal Billera.

En 1932 el entonces presidente de la Euskal-Billera, Domingo Bontigui, y los ministros socialistas, Fernando de los Ríos e Indalecio Prieto, inauguraron el Instituto Radio Quirúrgico, puesto en marcha para luchar contra el cáncer, y que requirió la inversión de 225.000 pesetas; en las que no se incluía el costo correspondiente a la instalación de un equipo de Radio, valorado en 25.000 pesetas, que costeó íntegramente la asociación recreativa. El diario '*El Día*', sintetizaba los motivos de una de estas mojigangas coincidiendo con la festividad de la Virgen de agosto, en el coso de Azkoitia:

"El domingo 15 de agosto de 1932, participaron en un festejo cómico taurino con motivo de las fiestas, a cargo de los renombrados charlots *de la Sociedad Euskal Billera de Donostia:* Charlots, *Llapisera,* El Secretario *y* El Tonto *que lidiaron tres hermosos novillos de Lastur, y el último será muerto a estoque por* El Tonto".

En el programa de actos con motivo de la Tamborrada de 1934, figuraba un homenaje al maestro Sorozábal, al que siguió un gran banquete, evento que estaba previsto grabase la casa cinematográfica norteamericana Fox. Todavía, en junio de 1936, la ciudad de San Sebastián promovió un homenaje a la provincia de Aragón, a quien dedicó una plaza – hasta entonces llamada del Arenal-, tal vez para potenciar la llegada de turistas maños. En el programa de actos, no faltó una de las becerradas de Euskal-Billera que en esta ocasión protagonizaron, Baldeón y *El Tonto.* Este festejo lo presidieron las principales autoridades aragonesas, junto con el alcalde donostiarra, Fernando Sasiaín, y el acompañamiento de la tamborrada infantil de la Sociedad, vestida con el uniforme de gala. Tuvieron que transcurrir quince años para que las autoridades de la Ciudad de los Sitios correspondiesen a la iniciativa de Mauricio Etxaniz, y dedicasen una plaza a San Sebastián, en la ciudad de Zaragoza.

En los primeros días de septiembre de 1945, las actividades de la sociedad *koxkera* se extendían mucho más allá de sus principios fundacionales, pues se ocupaba de *"vigilar el entrenamiento y régimen de comidas"* que seguían los remeros de la trainera de San Sebastián, con anterioridad a su participación en una regata en la que se ponían en juego ingentes sumas de dinero, a través de una quiniela, que había puesto en marcha la Beneficencia local, a dos pesetas el boleto, y que ofrecía la posibilidad de obtener 20.000. El cronista taurino, Alfredo R. Antigüedad relató algunos de los pormenores que seguían los remadores donostiarras en su entrenamiento y, especialmente, el menú con que les alimentaban:

"...habitualmente se entrega a cada uno de los remeros dos chuletas de la mejor carne de vaca, de más de un kilogramo de peso cada una y doscientos gramos de azúcar para su sobrealimentación", aunque previamente ya habían ingerido "un caldo con tropiezos de gallina (más tropiezos que caldo), un ponche con varias yemas de huevo, vino blanco y mucho azúcar". [xiii]

El mismo revistero advertía que la Euskal-Billera ya había satisfecho una factura de 11.750 pesetas, a cuenta de las chuletones que les habían suministrado a lo largo de dieciocho días transcurridos; alimentación que se complementaba con el sacrificio de un centenar de gallinas con objeto de preparar los Caldos correspondientes. De la misma manera, en el ciclo de 1948 se programaron dos becerradas benéficas en 'El Txofre', una de ellas la que periódicamente promovía Euskal Billera.

Durante varios años, un socio billerista y torero bufo, Víctor López *El Tonto de Euskalbillera*, aparecía en el redondel vestido de *clown*, en su primera etapa, y elegantemente trajeado, con un imprescindible clavel rojo en el ojal de la solapa, en la segunda época, quien a los postres se convertía en el alma *mater* de estos espectáculos.

A otro actor imprescindible de las becerradas, Felipe Baldeón, le acabaron nombrando socio honorario, en reconocimiento a sus incontables y desinteresadas actuaciones en los espectáculos caritativos. Al parecer, Felipe era un hombre bondadoso, que supo adaptarse con perfección a las reglas del *koxkerismo* más clásico.

Baldeón, modesto y eficaz, era un conocido acróbata, que ejecutaba sus imprescindibles saltos mortales en la misma cara de los cornúpetos, de forma muy espectacular, en complicidad con *El Tonto*, que era quien pasaportaba el burel, con el auxilio de los *banderilleros* Baldeón y Miguel Zulaika.

Desgraciadamente, el acróbata taurino falleció en el Hospital Civil donostiarra en agosto de 1936, en plena Guerra Civil, en un inexplicado accidente. Sus seguidores todavía recuerdan su última actuación en el festival del 7 de junio. Según parece, sus restos se trasladaron al cementerio de Polloe, en medio de una elocuente manifestación de duelo.

Segunda Parte

Plazas de toros guipuzcoanas

Litografía de G. Carpenter que recoge un festejo en honor de Isabel II en la Plaza de la Constitución, en agosto de 1845.[xiv]

VIII de Septiembre de 1813

Reunidos en Zubieta los habitantes dispersos a consecuencia de la hecatombe del XXXI de agosto, acuerdan reedificar la Ciudad, presa todavía de las llamas.

(Esta inscripción se podía leer en una lápida, situada en uno de los sitios más céntricos de San Sebastián, muchos años después)

San Sebastián

La existencia de recintos taurinos especializados en acoger celebraciones taurinas en San Sebastián es constante desde al menos mediados del siglo XVI. Una de las primeras referencias acerca de una de estas funciones se remonta a 1587; año en que los regidores municipales acordaron el pago de 342 reales en contrapartida por la celebración de un espectáculo taurómaco coincidente con la festividad de Santiago.

Consecuentemente, el primer escenario tauromáquico del que se tienen noticias en Donostia, construido en madera, se remonta a los primeros años del siglo XVIII; que se levantó en la que se conocía como Plaza Vieja, cerca de los arcos del Boulevard. Se mantuvo hasta que se construyó una segunda plazoleta provisional, ubicada en los jardines de Alderdi Eder, de escasa capacidad y también de madera, situada extramuros de la muralla que protegía el núcleo urbano, más o menos, al comienzo de las actuales calles de Hernani y Garibay.

Como en la mayoría de las ciudades, hasta que se fundaron los primeros recintos taurinos estables, la capital donostiarra contó con varios redondeles temporales, uno de los cuales aprovechaba el espacio físico que separaba las casas de las calles de La Escotilla (Esterlines) y Amosorraín, en medio del Casco Viejo. En este improvisado circo taurino, de forma cuadrangular, llegaron a actuar, en la primera parte del siglo XVIII, los principales espadas de ese tiempo: José Ulloa *Tragabuches* (Arcos de la Frontera, 1780), Juan Núñez *Sentimientos* (Sevilla), Roque Miranda Conde *Rigores* (Madrid. 1799-1843).

Plaza Real, Nueva, o de la Constitución

La plaza Real, Nueva, o primera plaza de la Constitución -de estilo churrigueresco-, para distinguirla de la anterior Plaza Vieja, fue diseñada por el ingeniero Hércules Torrelli, quien inició su construcción en 1.722. En una de sus caras más prominentes se encontraba el edificio consistorial. Para sufragar los gastos generados por la Guerra de la Independencia, el Ayuntamiento no tuvo otro recurso que vender todos los edificios que tenía en este emplazamiento, si bien se reservó los derechos de usufructo de los arcos, cobertizos, y balcones de cada uno de los edificios, desde los que se podía contemplar los festejos taurinos con mayor comodidad.

En la plaza de la Constitución, que se edificó coincidiendo con la forzosa reconstrucción de la ciudad, tras su incendio de 1.813, se improvisaba un circo taurino, durante sus principales festividades religiosas. En sus primeros días era un espacio polivalente que en determinadas fechas del calendario festivo acogía celebraciones taurinas. Las casas que miraban al ruedo, seguían siendo de propiedad privada, y mantenían la servidumbre de ceder los *"balcones toreros"*, adecuadamente numerados, para su comercialización por parte del Concejo.

En este ocasional coso se programaron numerosas corridas de ganado bravo durante treinta años consecutivos, en las que realizaron el paseo de ordenanza desde, José Ituarte *Zapaterillo de Deba* hasta Francisco Arjona *Cuchares* (Madrid, 1818- La Habana, 1883), o Francisco Montes Reina *Paquiro* (Chiclana de la Frontera, 1805-1851), Antonio Ruiz *Sombrerero* (Sevilla, 1783-1860)...

Al parecer, el 19 de agosto de 1833, en una de las funciones celebradas en honor de la reina niña, Isabel II, en esta plaza, *Paquiro* ofreció el primer pase de rodillas en público del que se tienen noticias. Esta función fue presidida por el Infante Francisco de Paula, quien "concedió" al diestro cuatro de los cinco cornúpetos que se corrieron, a los que el gaditano les había cortado una oreja como acto de "toma de posesión" del burel y aprovechamiento de la carne en su propio beneficio.

Una de estas tardes, a un acaudalado aficionado a los toros de origen ruso, Mr. Damidoff, le gustó tanto el trabajo de Montes, que le obsequio con *dos trajes completos de majo*, valorados en 60.000 reales: *"el uno azul, guarnecido en plata, el otro negro, guarnecido de piedras azules, y además un rico capote y una zamarra de las más preciosas pieles"*.[xv]

Este escenario taurino quedó inmortalizado gracias a una litografía de G. Carpenter, quien asistió a las corridas celebradas en honor de la Reina Isabel II, los días 13, 14 y 16 de agosto de 1.845, de manera que, además de otros fastos, cada uno de estos días: *"se picarán de vara larga, banderillearán y estoquearán, tres bureles por la mañana y seis por la tarde"* de las ganaderías de Guendulain (Tudela), de la viuda de Zalduendo, (Caparroso), y de la viuda de Pérez de Borda (Tudela), a cargo de los *"acreditados espadas de la corte"*, Francisco Arjona Guillen *Cuchares* y de su "maestro", Juan León.
Para realzar el acontecimiento, la plaza Nueva había sido engalanada con vistosas iluminaciones, de las que convenientemente informó el corresponsal del diario 'El Español', quien aseguraba que, *"Cuchares los ha muerto con bastante destreza"*.[xvi] El mismo cronista reseña la gran afluencia de espectadores a las celebraciones, entre las que destacaban un numero ingente de vecinos de Bayona, quien, ante la falta de alojamientos suficientes, debieron buscar acomodo en *"los caseríos y casas de campo"* de las localidades cercanas.

Aún, coincidiendo con los días de carnaval de 1892, en horario matutino y vespertino, se corrió un *sokamuturra* en la plaza de la Constitución, de nada menos que veintitrés bueyes, que causaron ~~las~~ roturas de blusas y heridas a los participantes, de las que debieron ser curados *"de primera intención"* en el cuarto de socorro, por un médico apellidado Usandizaga.

Plaza de San Martín

El coso de San Martín fue el primer recinto moderno y polivalente de San Sebastián. El primero especializado en acoger corridas de reses bravas en exclusiva, y que, a su vez, se podía reconvertir en frontón. Este escenario se emplazaba sobre un solar situado entre el Mercado de San Martín, la Avenida de la Libertad, y la calle de Urbieta, más o menos, en las cercanías del actual hotel Londres y de Inglaterra.

Esta plaza de uso polivalente -pues se podía reconvertir en frontón-, de madera, forma ligeramente elíptica y capacidad para cinco mil espectadores, se construyó en muy pocos días, a pesar de tener que practicarse algunos trabajos preparatorios de cierta consideración. El coso de San Martín se inauguró oficialmente, el 16 de agosto de 1851, en plena Semana Grande, con tres conciertos taurinos que protagonizó en exclusiva, *Cuchares.* El diario 'La Crónica de Guipúzcoa' ofreció una descripción muy minuciosa de las principales características del moderno teatro taurino dual:

"San Sebastián puede hoy gloriarse de poseer un hermoso circo de lidia. Su construcción se ha empezado y llevado a cabo en el término de 51 días, a pesar de haber tenido que practicar desmontes y rellenos de bastante consideración. El exterior de la plaza presenta una circunferencia de 884 pies lineales. La fachada del edificio está pintada con un color amarillo que termina con un zócalo sobre el cual remata con un cuarto bocel. El círculo o redondel interior tiene 600 pies de circunferencia, 61 el foso de la barrera y contrabarrera. El tendido lo forman nueve gradas, habiendo adecuado otras dos destinadas a la barrera y tabloncillo: 216 balconcillos de seis asientos con su antepecho; 176 palcos de ocho asientos; 6 de a 16, con más de 280 asientos en cuatro palcos corridos, y por último, el de la presidencia que consta de 21 asientos".

"Merced a una feliz idea concebida por la empresa, además de la lidia, que es el objeto primordial de la construcción del circo, hay dispuesto en éste un magnifico juego de pelota de diecinueve y medio, con cuadros de diez pies de longitud con su hermoso enlosado y cuantas circunstancias pudieran desearse para celebrar los grandes partidos que forman uno de los espectáculos más importantes para los naturales del país"

El mismo rotativo refirió los pormenores correspondientes al festejo inaugural, el primero de los tres previstos, del que realizó el siguiente resumen crítico:

"El ganado ha sido muy flojo, de poco poder, y no ha dejado muy alto su pabellón. La gente de a pie, con alguna corta excepción, se ha portado muy bien. No diríamos lo mismo de los picadores, que han despaldillado a toritos que, como los de hoy, no podían ser muy temibles; y ya que así faltan a las reglas de la buena lidia tauromáquica, no sería malo que las autoridades les aplicasen, por vía de correctivo, una buena multa, para que aprendan que el público de San Sebastián es acreedor tanto como otro alguno, a ver lidiar toros como es debido".

En el circo de San Martín se corrieron numerosas reses navarras que descansaban los días previos en las campas de los Jaros de Miramón, desde donde bajaban en manada hasta el escenario taurino, tras descender la cuesta de Aldapeta, el día anterior a su corrida, en medio de la enorme expectación de los vecinos. Sin embargo el anuncio de los festejos atraía a una inmensa concurrencia de aficionados "foráneos", especialmente de nacionalidad francesa, de acuerdo con la información que ofrecía el diario 'La Esperanza':

"que no cabiendo en la población ni en los paradores de las afueras han tenido que alojarse en las aldeas comarcales. El camino de Bayona, desde el 14, está lleno de carruajes particulares y sillas de postas y las diligencias venían tan atestadas que hasta en las bacas se veía pasajeros".

A este mismo centro tauromáquico podría haber acudido, tres años después de su estreno, la emperatriz consorte de Francia, la granadina Eugenia de Montijo, esposa de Luis Napoleón III, muy aficionada a las corridas los toros, quien se encontraba veraneando en Biarritz, donde esperaba la "licencia" del Gobierno Español para asistir a los festejos taurinos de la Semana Grande de "San Sebastián de Guipúzcoa", de acuerdo con la información que ofrecía 'El Mensajero de Bayona'. Como todos los años, con la llegada de los meses de mayor canícula, los donostiarras esperaban ansiosos la llegada del imprescindible, *Cuchares.*

Como gran novedad festiva, al finalizar la tercera función taurina del 17 de agosto de 1857, se soltaron dos utreros embolados, que debieron picar, banderillear y estoquear, un grupo de manolas para divertimento de los espectadores más liberales, no así de los aficionados más conservadores que consideraron que el espectáculo era una farsa y decidieron ausentarse de la plaza.

De igual manera, en el transcurso del festejo celebrado el 15 de agosto de 1860, el público estaba tan disgustado con los resultados de la lidia que muchos de ellos abandonaron el *"abominable"* espectáculo que estaban presenciando camino de sus casas. No obstante otro porcentaje de los asistentes, de acuerdo con la información ofrecida por el 'Boletín de Loterías y de Toros', que se encontraba muy irritado, permaneció en sus asientos hasta que:

"empezaron a arrojar frutas, pan y otras cosas, dirigidas a la cuadrilla" (...) "...cuando la impaciencia hizo a muchos jóvenes del pueblo saltaron a la arena, y hubo un momento de grande exposición a desgracias, pues los agentes de la autoridad no podían despejar el ruedo por más esfuerzos que hacían". [xvii]

En la tercera tarde de este mismo ciclo taurino, el matador Julián Casas *Salamanquino*, sufrió una cogida justo en el momento en que trataba de saltar la barrera, de manera que su segundo y tercer espadas, Ponce, y el "provinciano", Manuel Egaña, no tuvieron más remedio que estoquear los ocho bureles que permanecían en los chiqueros, en dos horas y media. Para no perder la costumbre,

"...se apedreó superabundantemente con manzanas, pan, y hasta con botellas, a las cuadrillas de toreros, los toros, los caballos, y todo cuanto se movía por el redondel".

El mismo 'Boletín' resumió que *"las corridas de este año han sido las más concurridas y las más malas que hemos visto. La empresa ha ganado mucho dinero, y la plaza se ha desacreditado".* No obstante, con motivo de las fiestas de la Virgen de un año después, el ambiente y la animación que se respiraba eran inmejorables. Pues, por un lado, el primer día de ferias, atracó en San Sebastián el vapor 'Unión', procedente de la capital del Señorío, y otro barco con salida desde Bayona, amén de contabilizarse una fila infinita de coches con matrícula de Biarritz que cruzaron la frontera, repletos de aficionados, ambiente que quedó convenientemente recogido en la prensa cotidiana:

"tras un alegre grupo de joviales bilbaínos, veíase aparecer un grave matrimonio inglés o alemán, al que sucedía alguna que otra pareja de

las que el vecino imperio envía desde sus departamentos a tomar parte en los baños de mar de Biarritz."

El 20 de enero de 1870, *"por la mañana, medio día y tarde"*, **aún** se seguían **corriendo**, según se acostumbraba, *sokamuturras* o *"bueyes con cuerda"*, en la Plaza de la Constitución, sin que hubiera que lamentar desgracia alguna. [xviii]

Cartel anunciador de la plaza de toros de San Sebastián[xix]

Atotxa

Gracias a la iniciativa de un empresario apellidado, Verde, se estrenó la nueva plaza de toros de Atotxa, el 14 de agosto de 1870. Por desgracia, tuvo una vida muy efímera pues al parecer en 1875, coincidiendo con los estertores de la III Guerra Carlista, sus tropas la convirtieron en cenizas.

Sin embargo, unos días antes de su inauguración, se hizo "correr la voz" de que el coso no estaba tan bien construido como se esperaba, lo que motivó que la Empresa se viese obligada a imprimir un pequeño "volante", en el que desmentía todos los rumores infundados, a la vez que hacía constar que el arquitecto, Marcelo Sarasola, había asumido personalmente todas las responsabilidades relacionadas con la sólida construcción del nuevo circo taurino, y, especialmente, con su seguridad.

La temporada veraniega en *"la muy noble y muy heroica"* Villa de San Sebastián de este primer año, tuvo su momento más prominente con la celebración de las tres corridas, los días 14, 15 y 16 de agosto, en las que solo se consiguieron llenar las localidades más caras porque, de acuerdo con la información del 'Boletín de Loterías y de Toros', los precios de los boletos *"eran verdaderamente escandalosos"*.

Para verificar esta efeméride se apalabró a las cuadrillas de Cayetano Sanz y José Ponce, para que se midieran a los *uros* de Nazario Carriquirri (Tudela), Raimundo Díaz (Funes) y Antonio López (Colmenar).[xx] Al parecer, el suelo del escenario taurino estaba en bastante malas condiciones, cubierto de piedras, con alguna, por si fuera poco, de gran tamaño, lo que convirtió la corrida en un pequeño despropósito. La presidencia de los festejos correspondió al gobernador civil de la provincia, Joaquín de Cabirol y Pau, que se mostró, ante este panorama, como un incompetente.

En las tres tardes, la pésima actuación de Ponce fue "premiada" con una intensa lluvia de botellas, manzanas, patatas, panes y otros comestibles similares. En el polo opuesto, al banderillero Ángel Pérez *Valdemoro*, a quien su maestro, Cayetano Sanz, cedió la muerte de un burel, satisfizo las expectativas del público con su trabajo, a quien le llovieron, *"...cigarros puros, y de papel; le arrojaron botellas y botas llenas de vino; le regalaron un quitasol blanco, una fosforera de plata, un bastón, y hubo hasta gente que arrojo dinero".* Estos sucesos sirvieron de prólogo a las graves alteraciones de orden público que acontecieron durante la tercera jornada de toros, en la que se corrieron reses de escasa presencia, lo que llevó a los espectadores a solicitar, *"...que se sacase a los empresarios al medio de la plaza".* Si bien los que realmente sufrieron las iras del "respetable" fueron las cuadrillas de toreros, apedreados con una intensa lluvia de manzanas que convirtió el ruedo en una alfombra frutera.

Lamina de la plaza original de Atotxa, propiedad del museo de San Telmo.

Nueva plaza de Atotxa

Al parecer, solo fue necesario que transcurriesen dos escasos meses para que José Arana levantase la nueva plaza de toros en Atotxa, con el propósito de festejar el final de la III Guerra Carlista. Para la construcción de este templo taurino, también de madera, y con algunos materiales importados de Francia, fue necesario reclutar una nutrida mano de obra en los pueblos forales. El novísimo escenario se encontraba a unos quinientos metros del núcleo poblacional, en la vecindad con la estación del *Camino de Hierro,* en el solar que actualmente ocupa, más o menos, la Torre de Atotxa, en el lado opuesto al edificio de Tabacalera. En el edificio de tres plantas de altura y varios tendidos, se distribuían los 10.000 espectadores, de acuerdo con un proyecto del arquitecto municipal, José de Goikoa y Barkaiztegui (San Sebastián, 1844-1911).

Al final, los días, 16 y 17 de julio de 1876, se inauguró el nuevo y segundo coso de Atotxa, con dos *"grandiosas corrida de toros de muerte"* de las ganaderías de Laffite, Saltillo y Vicente Martínez, que jugaron, mano a mano, Salvador Sánchez *Frascuelo* y Vicente García Villaverde.

El hemiciclo taurino, que amaneció adornado con gallardetes y banderolas, presentaba un lleno absoluto, en una soleada tarde que contó con la colaboración desinteresada de Febo. En paralelo, Pepe Arana, en coordinación con el Ayuntamiento, preparó varios espectáculos complementarios al taurino: *"... como regatas, cucañas, iluminaciones en el mar, música y bailes".* Ferias que aparecieron ampliamente relacionados en Boletín de Loterías y de Toros:

"Habíase anunciado los jolgorios por medio de carteles de un trabajo litográfico tal, cual nunca hemos visto emplear en clase alguna de espectáculos, carteles que por la verdad de su colorido, buenos caracteres y exactitud en los retratos de Salvador y Herraiz, habían llamado justamente la atención, lo mismo que en las poblaciones del Norte de España, en las del Mediodía de Francia".

La segunda jornada, con los mismos espadas sobre la arena, y reses de Carriquirri, destacaba sobremanera, un enorme tapiz instalado bajo el palco que ocupaban un amplio grupo de aficionados vizcaínos, en el que, con gruesos caracteres, se podía leer: "*Bilbao saluda a San Sebastián*"; lo que motivo que los hijos de ambos pueblos se obsequiasen, unos a otros, con entusiastas ¡Vivas¡ En el turno de brindis, *Frascuelo,* dedicó su faena a los forofos *botxeros-* quienes le obsequiaron con una petaca. Por su parte, Villaverde, lo hizo por San Sebastián, Hernani, Bilbao, y "*todos los liberales*".

El recinto taurófilo se fue modernizando progresivamente con el transcurrir del tiempo. En 1882, su propietario, ordenó la sustitución de los pies de madera, que sostenían los tendidos, por otros de obra y mayor espesor, macizos y mezcla de arena y mampostería. La fachada principal se enriqueció de un estilo arquitectónico arabesco. Al mismo tiempo, se sustituyeron los tendidos de madera por otros de piedra, incluidas las losetas que servían de asiento.

Al igual que en el resto de las ciudades hispanas y francesas, la afición de los chavales donostiarras a la fiesta taurina debía ser muy grande, tal vez influenciados por Luis Mazzantini, porque en el verano de 1885, un grupo de mozalbetes se ejercitaba toreando de salón en Zurriola, provistos de todos los artilugios necesarios para torear. Debieron poner tanta autenticidad en sus entrenamientos, que al joven que hacía de toro, le penetró la espada por el cuello y le salió por debajo de la cintura. [xxi]

'La Lidia' informaba, en el curso de 1888, de una nueva reforma de la plaza de Atotxa, bajo la dirección del arquitecto Goikoa, quien sustituyó la antigua estructura de madera, sobre la que sustentaba el coso, por un macizo de arena apisonada. La obra exigió la construcción, a lo largo de la circunferencia de la plaza, de un espeso muro capaz de resistir el empuje del relleno. En este sólido contrafuerte se apoyaban los pies derechos de madera del coso, que fueron sustituidos por otros de hierro fundido, construidos en la fábrica de un empresario bilbaíno, apellidado Alonso. Los tendidos presentaban la particularidad de estar entrazados entre sí, *"con arreglo a la curva audito visual"*, técnica que hasta entonces, solo se había utilizado en la construcción de algunos anfiteatros y salas de espectáculos.

Al mismo tiempo, se cubrió la parte exterior del edificio, al que se le añadió un piso más de gradas y palcos, y una cubierta de teja plana, todo lo cual permitió ampliar el aforo a 10.000 espectadores, sentados alrededor de un ruedo de 49 metros de diámetro. En el exterior se levantó un muro de mampostería, en sustitución al anterior cierre de madera, revestido de cal hidráulica y cemento Portland.

La situación del escenario taurino, a un paso de la Estación del Norte, facilitaba la llegada de los aficionados foráneos, así como el traslado y encierro del ganado fiero, desde los trenes, a través de una puerta que comunicaba la parada férrea con los corrales.

Para el reestreno del circo taurino, se programaron cuatro corridas de toros -la primera nocturna-, a cuyo efecto se realizaron los preparativos correspondientes para conseguir una luminosidad equivalente a la que emiten los rayos solares. Torearon Rafael Molina, *Joseito*, y Paco *Frascuelo* con bureles de Antonio Hernández y de Espoz y Mina. A tal efecto, se instalaron nueve gigantescos focos -reflectores en un gran arco voltaico- que proyectaban su potente luminosidad sobre la arena, en la que destacaban las sombras de los toreros, los caballos, y las reses.

El espectáculo se prolongó hasta altas horas de la madrugada, de manera que los aficionados, cuando abandonaban el recinto, podían escuchar el grito familiar de ¡Las doce y sereno! Para su desgracia, José Arana, tras finalizar la velada nocturna, acabó en los calabozos municipales, pues algunos espectadores denunciaron que se habían puesto a la venta localidades de sombra.

En paralelo con la inauguración del nuevo escenario taurino, nació la *Semana Grande de San Sebastián,* "inventada" por el propietario del coso taurino, en coordinación con el Gran Casino y el ayuntamiento donostiarra. Estos festejos, que conllevaban la organización, en paralelo, de otros tipos de espectáculos, como bailes, conciertos musicales y fuegos artificiales, nacieron con el fin de retener a los forasteros en la ciudad el mayor tiempo posible.

El 24 de agosto de 1879, lidiaron en este mismo circo *Lagartijo* y *Currito,* un encierro de Carriquirri. Esa tarde la barrera de sombra costaba 7 pesetas, 4 la contrabarrera, y 3.25 el asiento de tendido. A su vez, por las localidades soleadas se pagaban, 2,50 por una barrera, 2,50 por la contrabarrera, y 2,25 el tendido.

Por su parte, el estrafalario Luís Mazzantini, el 2 de agosto de 1.885, lidió seis bureles en solitario. De igual manera, el 31 de agosto de 1886 se celebró una nueva función con el título, "Toros de noche". Hubo que esperar al curso de 1887, para que el redondel volviese a acoger un nuevo festejo nocturno, que comenzó a las 20.30 horas, y en el que intervinieron el novillero Galindo y los estoqueadores *Cara Ancha* y Mazzantini, quienes pasaportaron cuatro cornúpetos de Veragua.

El verano de 1895, se programó una corrida franco-española, y una exhibición de toreo landés, en la que actuó el diestro galo, Félix Robert, tarde en que los doctores Usandizaga y Celaya tuvieron que curar de una cornada a un subalterno que rehileteaba sentado en una silla. Esa tarde, en honor a Mazzantini, se interpretó el *Gernikako Arbola*, que el público coreó puesto en pie. Al ganadero Saltillo le pagaron 10.500 pesetas por su encierro. Este curso y el siguiente, el abono agosteño incluyó la actuación de las señoritas toreras catalanas, Lolita Pagés y Angelita Pagés, ambas de 17 años de edad.

A mediados de septiembre de 1900, cuando ya fenecía la temporada de baños de mar, la Cruz Roja francesa promocionó una función de toros franco-española con la que pretendía recaudar fondos para ayudar a curar a los heridos en la guerra contra China. Esa tarde, los toreros (*Quinito,* Félix Robert...) recorrieron el ruedo a los acordes de la Marsellesa.

El 15 de agosto de 1901 el Picador Andrés Castaño *Cigarrón* fue herido de muerte por el toro de Saltillo, *Naranjito*, de manera que Arana, se vio obligado a enviar una sentida carta de pésame a su viuda, a la que adjuntaba un cheque de 500 pesetas, con las que *"deseaba contribuir a los funerales y lutos"*.

Inesperadamente, con la llegada del siglo XX, se alzó en San Sebastián una corriente de opinión opuesta a la programación que ofrecía Pepe Arana, a quien se reprochaba que siempre contratase a los mismos estoqueadores y ganase excesivo dinero. Antonio Peña y Goñi (1846-1896), denunció las anteriores intromisiones en las páginas de 'La Lidia', el verano de 1882:
"Arana tiene enemigos encarnizados en San Sebastián; enemigos que le roen los zancajos, como vulgarmente se dice, enemigos que quieren empequeñecer todos los actos del popular industrial guipuzcoano" (...)"
¿Gana San Sebastián un millón de reales con las fiestas de Arana? Eso

cae por fuerza y no se ve. ¿Gana Arana cinco duros? ¡Horror¿ Es un usurero, es un explotador, no va más que a su negocio". [xxii]

El alto precio de las localidades, y la sustitución injustificada, sin previo aviso, de uno de los toreros anunciados en la Semana Grande de 1899, fue *"objeto entre barreras de una manifestación espontánea de desagrado que le obligó (*a Arana*) a ocultarse para no exaltar a los niños...".* Esto fue lo que se recogió en el resumen publicado en 'El Enano'.

Solo unos años después, se constituyó la Sociedad de Fomento con el objetivo de levantar un nuevo anfiteatro taurino, al que bautizaron como 'El Txofre' y que se convirtió en realidad en la temporada de 1903.

El 14 de septiembre de 1902, con todas las localidades previamente vendidas, se celebró el último festejo taurino en la plaza de Atotxa, en la que comparecieron las principales estrellas del firmamento taurino del momento: *Reverte,* Antonio Fuentes, *Bombita Chico* y *Lagartijillo.*

Para mayor comodidad de los aficionados, el empresario de Eskoriatza había conseguido la *"autorización del ministro de Agricultura, para que el público que acuda a la plaza pueda atravesar las vías del ferrocarril de la Estación del Norte",* mediante el montaje de una plancha-puente y una rampa que facilitaban el acceso al estadio taurino. La corrida, que comenzó a las tres y media de la tarde, contó con la presencia del Rey, su hijo, el príncipe de Asturias, y el duque de Montpelier. Ya había anochecido cuando el monarca entregó a cada uno de los espadas, un alfiler de oro como recuerdo de la efeméride. La fiesta terminó con la actuación del maestro Laurent de Rillé, quien desde el centro del ruedo dirigió el pasodoble de despedida, 'San Sebastián'.[xxiii]

Tras la demolición del circo, una parte de sus escombros fueron reutilizados en la edificación de las primeras casas del barrio de Egia, en el que, años después, un vecino, al hacer unas obras de reparación se topó con un solivo en el que figuraba el número de un asiento y tendido del coso derruido. En el solar en el que se encontraba el teatro taurino se levantó una fábrica.

Plaza de toros de Martutene.[xxiv]

Martutene

Unos años más después de la desaparición del coso de Atotxa y posterior inauguración de 'El Txofre', el 7 de junio 1.908, se estrenó la modernísima plaza de toros de Martutene, con una función de novillos, a la que se enfrentaron, el rejoneador, Basilio Barajas, *Cocherito Chico* y *Torquito*. Este segundo escenario surgió en paralelo al barrio del mismo nombre, como parte de una experiencia piloto innovadora, a la que se denominaba 'Ciudad Jardín', que incluía, entre otros equipamientos: un Casino, un Parque de Atracciones, y un coso taurino.

Este original recinto taurino, de características multiuso, estaba equipado con una modernísima cubierta acristalada, que se adelantó, casi un siglo, a la filosofía que inspiró las características del actual coso de Illumbe.

Para poder acreditar su "multifuncionalidad", el circo taurino se estrenó el 13 de mayo de 1908, con un concierto extraordinario a cargo de la Orquesta Sinfónica de Berlín, que dirigió Richard Strauss, en persona.

Entre muchos otros festejos, en la Plaza de Martutene se celebró una novillada, el 31 de julio de 1912, en la que tomó participó el mejicano Rodolfo Rodarte, tarde que los tranvías llegaron al barrio atestados de viajeros.

Por desgracia, este escenario taurino era un proyecto excesivamente avanzado para su época, ya que las técnicas de construcción no permitían la instalación de una cubierta diáfana, porque tenía que sustentarse sobre un número excesivo de columnas, que obligaban a reducir el diámetro del redondel, a la vez que impedía verificar corridas de reses bravas de primera categoría. La acústica tampoco era la más adecuada para acoger eventos musicales de nivel. Pese a la buena voluntad, y a lo pionero de su diseño, después de varios años clausurada, se demolió en 1923.

Fotografía antigua de la plaza de toros de 'El Txofre'[xxv]

El Txofre

El auge de las corridas de ganado bravo en San Sebastián, coincidiendo con los días de la Semana Grande, y la creciente asistencia de aficionados forasteros, puso de manifiesto la necesidad de impulsar la edificación de una moderna plaza de toros que sustituyese a la de Atotxa. La apertura de 'El Txofre', coso al que a veces se conocía como la *Universidad del Toreo*, coincide con la *Belle Époque* de San Sebastián, y a su apogeo como principal destino turístico hispano.

En esos mismos años, las mujeres comenzaron a asistir a los espectáculos taurómacos, que llegaron a convertirse en un acontecimiento social imprescindible. Tal como sentenció Juan Belmonte, *"en Sevilla se torea para los hombres y en San Sebastián para las mujeres"*, lo que podría significar los distintos tipos de espectadores que acudían a cada uno de estos escenarios.

En este contexto hay que situar las primeras obras del recinto taurino, fechadas en 1901, realizadas bajo los auspicios de la sociedad mercantil, 'Nueva Plaza de Toros de San Sebastián S.A.' (con taquillas ubicadas en las Calle Garibai, 4). El 11 de junio, del año siguiente, se procedió a la colocación de la primera piedra del tauródromo. Con anterioridad, el preboste, José Mendiluce, había adquirido unos terrenos en la cresta de unas colinas a las que se denominaba Puertas Coloradas, en el barrio de Gros. La idea inicial era que compitiese con la plaza vieja, porque, en paralelo, el Club Cantábrico había propuesto la revitalización del teatro taurino de Atotxa, si bien, ante la más que posible competencia entre ambos circos, la Sociedad de Fomento de San Sebastián, vinculada a la anterior compañía, y a otras instituciones de gran influencia en la ciudad, tomaron la decisión de adquirir la plaza de José Arana para no perjudicarse mutuamente.

'El Txofre' contaba con un ruedo con 55 metros de diámetro, sobre un solar de 4000 metros cuadrados de superficie, y aforo para 13.600 espectadores; que se incrementó con 1.000 asientos más, tras las obras de ampliación de 1947; año en que se habilitó una terraza, o sobre palco, y se colocaron asientos en la parte delantera de estas localidades. Los materiales empleados fueron la mampostería, el ladrillo, el hormigón armado en el interior, y piedra de sillería en la fachada exterior.

El frontis de la plaza era una obra maestra del diseño. El acceso al edificio se realizaba a través de un elegante arco de herradura festoneado de azulejos, mientras que la arquería de sus palcos y gradas estaba compuesta de filigranas artesanales que recordaban a los trabajos propios del damasquinado, porque formaban una trama infinita de arabescos policromados, en los que sobresalían los colores azules, amarillo, verde y rojo. Las instalaciones del recinto se completaban con una enfermería con quirófano y luz natural cenital, revestida de azulejos, una sala de toreros y la capilla correspondiente.

Inicialmente, el diseño constructivo corrió a cargo del arquitecto, Luis Aladren (Zaragoza, 1852-1902), a quien sustituyó, cuando falleció de manera inesperada, Francisco Urcola Lazkanotegui (de San Sebastián), quien finalizó el plan director en 1903. Inicialmente, estaba pensado que las obras del coso taurino se prolongasen durante doce meses; sin embargo, una huelga del sector de la construcción retrasó los trabajos tres meses -de junio a agosto-, lo que no impidió su apertura el 9 de agosto de 1903, con nueve toros de muerte de Eduardo Ibarra, a los que se midieron: Luis Mazzantini, Emilio Torres *Bombita,* Antonio Montes -que sustituía a *Reverte-* y Rafael Molina *Lagartijo Chico.*

El matador elgoibarrrés percibió 4.500 pesetas por su trabajo. Los asientos de sombra costaban 5.50 pesetas, y el primer burel que pisó la arena se llamaba *Caparrota.* Asimismo, la prensa reseñaba la desorbitada suma de 6.000 pesetas que cobraron cada uno de lo espadas para despachar los seis bureles de Miura. En la Semana Grande, además de las corridas de rigor, se programaron dos festejos menores, en horario matinal, los días 15 y 16 de agosto con reses del marqués de Villagodio y Jorge Díaz.

A la inauguración del flamante tauródromo acudió el Rey Alfonso XIII, a quien acompañaban en el palco Real, el Príncipe de Mónaco, el Príncipe de Asturias, los infantes, y números dignatarios cortesanos, entre los que destacaba el tocado con una mantilla que lucía la Reina. Previa consulta, el Rey accedió a que se diera suelta a un séptimo burel al que se midió el novillero, *Bernalillo.* Los otros diestros cedieron al maestro elgoibarrrés el honor de pasaportar el primer cornúpeto del concierto, que brindó solemnemente al monarca con las palabras:

"Señor, tengo la alta honra de brindar a su Majestad la muerte del primer toro que se corrió en esta plaza, a la que deseo completa fortuna. ¡Viva España¡".

El doctor en tauromaquia realizó una estimable faena de muleta premiada con fuertes ovaciones, que sirvieron para que el soberano le obsequiase con una botonadura de oro. Para mayor realce de la efeméride, se había convocado un concurso de carteles al que se presentaron números artistas, locales y foráneos. Una semana antes de la apertura del circo, el Consejo de Administración promovió un almuerzo inaugural en los pasillos de los tendidos al que asistieron los consejeros y accionistas de la empresa, quienes, a los postres, presenciaron la lidia de un becerro por parte de José Mendiluce.

Entre las iniciativas puestas en marcha en este escenario, tuvieron especial relevancia las corridas de Concurso de Ganaderías celebradas entre 1909 y 1912, en las que se ponía en juego un premio de cinco mil pesetas.

Los festejos taurinos de la Semana Grande de 1904 fueron un verdadero acontecimiento social, especialmente el correspondiente al 24 de julio, tarde que la empresa promovió una encerrona, cuyo principal atractivo consistía en emplazar una gran jaula en el centro del redondel, en la que se encerró a un toro cinqueño de la ganadería de López Plata, junto a un tigre que se adquirió en Bayona por 7.000 francos. La expectación que levantó el cruento espectáculo fue tan descomunal que, tras su anuncio, se vendieron todas las entradas con gran rapidez, e incluso la reventa funcionó a precios fabulosos.

Entre la expectante concurrencia, que ocupaba todos los asientos, se encontraba una nutrida presencia de mujeres y niños. En contra de lo esperado, la pelea careció del mínimo interés, pues el burel embistió sin parar al tigre, de nombre César, que se defendía como mejor podía, hasta que una fuerte embestida del burel, bautizado como Huron, hizo ceder los barrotes de la jaula y liberó a las dos fieras, que aparecieron inesperadamente en el ruedo, sembrando el sobresalto general. El pánico llegó luego, con los disparos de las fuerzas del orden, a los que se sumaron algunos espontáneos desde las gradas. Desgraciadamente, varios de estos disparos hicieron blanco en algunos de los asistentes, y hubo que lamentar la muerte de un súbdito de nacionalidad francesa que recibió un disparo en el estómago y numerosos heridos de bala.

En esos mismos días se trataba de constituir 'La Tertulia Taurina'. En la temporada de 1907, fue el 'Club Taurino de San Sebastián', el que promovió una becerrada, *"destinada a adquirir de Alemania el instrumental para la banda infantil de la casa de Beneficencia de la capital donostiarra"*. Los meses de mayo y junio se cedía la explotación del coso a empresas menores.

Desde su estreno, 'El Txofre' fue gestionado por la propia Sociedad propietaria. En 1909, coincidiendo con la renovación del consejo de administración, se nombró presidente del mismo a Sabino de Ucelayeta, en sustitución de Joaquín Carrión. En el mismo momento cesaron los consejeros Emilio Espada, Manuel Lizasoaín y Antonio López, a quienes remplazaron Gil Clemente y José María Paternina. Solo Mendiluce fue ratificado en su cargo.

A principios de 1910, 'El Enano' anunciaba la constitución de un *trust* de las plazas de toros del Norte; monopolio en el que se habían integrado, entre otras, las de San Sebastián, Bilbao,

Logroño, Santander, Vitoria y Salamanca. Su formación pretendía defenderse de las *"inasumibles exigencias de Bombita y Machaquito"*, a quien se acusaba de soberbia y endiosamiento. A la vez, trataban de combatir el caciquismo que, desde hacía varios años, tenían que soportar, abriendo sus teatros taurinos a la actuación de otros diestros. [xxvi]

El premio de 5.000 pesetas que, desde hacia varias temporadas, se ponía en juego con motivo de la Corrida Concurso de Ganaderías, que se celebró el mes de septiembre, quedó desierto, al considerar el jurado (Antonio Fernández Heredia, Jorge Díaz, Ángel Caamaño, Javier Arbizu y Manuel Gómez de Pinedo) que ninguno de los bureles corridos merecía tal honor.

En el verano de 1913 la vida social donostiarra estuvo animadísima, especialmente el Gran Casino, al que acudía Ricardo Torres *Bombita* con frecuencia. Este diestro, que hasta entonces había reinado en el circo taurino donostiarra, sobre todo entre la colonia de veraneantes de la Semana Grande, anunció su retirada. El diestro de Tomares actuó, por última vez, el 9 de agosto, en ese escenario. No obstante, la noche anterior la afición donostiarra le rindió un concurrido banquete-homenaje en Igeldo, que presidió el propio matador, a quien acompañaban sus compañeros de la tarde siguiente.

Otro entusiasta de la Kontxa era Rafael Guerra *Guerrita*, en la que tomaba los baños de aguas de mar todos los veranos; playa, a la que en ocasiones, acudía a bordo de un magnífico coche de paseo tirado por dos finas jacas cordobesas. Por su parte, un selecto grupo de seguidores de Rodolfo Gaona solían acudir a la cita que, coincidiendo con la Semana Grande, convocaba el revistero Santos Mauro en un saloncito de 'El Pueblo Vasco'.

En la temporada de 1915, el estallido de la I Guerra Mundial puso de manifiesto la enorme dependencia que tenía la plaza de toros donostiarra de la afición francesa, tal como quedó recogido en las páginas de 'The Kon Leche':

"Don Sabino Ucelayeta es la primera victima de la conflagración europea. La afición donostiarra no llena más que media plaza. La otra media es de la afición francesa que invade San Sebastián los domingos, procedentes de Biarritz, San Juan de Luz, Guetary y Hendaya. Así vimos una entrada floja en la primera corrida del abono celebrada el 2 de agosto, cuando ya estaba movilizándose para la guerra el ejército francés. Pero es que sin franceses no hay lleno en San Sebastián, aunque salgan haciendo el paseo Belmonte, los Gallos y el Guerra y la momia de José Redondo".[xxvii]

Corrida Goyesca en El Txofre la temporada de 1928.[xxviii]

Eduardo Pagés arrendó 'El Txofre' en la temporada de 1927. A Pagés le sustituyeron los hermanos, Martínez Elizondo, *Chopera,* entre 1946 y 1952. Este último año las acciones de la sociedad 'Nueva

Plaza de San Sebastián' fueron vendidas a la empresa 'Plaza de Toros de Madrid', que la explotó hasta su clausura en 1973.

A mediados de julio de 1936, Eduardo Pagés ya tenía cerradas las combinaciones de toros y toreros agosteños. El 18 julio San Sebastián se encontraba repleta de turistas, muchos de ellos con residencia veraniega en las localidades de Zarautz, Fuenterrabía, Orio, Zumaia, Deba o Zestoa. La tradicional Corrida de la Prensa prevista para el día de Santiago, con bureles de Miura, se quedó pastando en sus prados. Aunque hay quien aseguró que el encierro ya se había embarcado con destino a San Sebastián, y que acabó en algún matadero republicano.

Los ciudadanos que permanecieron en la capital de Guipúzcoa presenciaron cómo el 12 de septiembre, después de cincuenta y seis días de enfrentamientos armados, las tropas nacionales se hicieron con el control militar de la capital. A partir de estos momentos, Donostia se convirtió en el principal centro de operaciones de una parte significativa del planeta taurino, gracias a su proximidad con las plazas de toros francesas, las únicas que mantuvieron la programación estival. Así, el Bar Txoko se transfiguró en la principal bolsa de contratación de ganaderías y toreros, era el establecimiento al que acudían, a diario, los empresarios, apoderados y revisteros taurinos, entre los que sobresalían: Pagés, Cristóbal Becerra, Manolo Monasterio (representante de *El Estudiante*), *El Papa Negro* (agente de Domingo Ortega), *Clarito*, *K-Hito*, Luca de Tena, los hermanos Martínez Elizondo...

Antes de arrancar la campaña de 1947 se hizo público el pleito que enfrentaba a la sociedad propietaria de la plaza de toros donostiarra con los herederos de Eduardo Pagés, fallecido unos meses antes, a quien rescindieron el contrato de arrendamiento del coso, que adjudicaron a los hermanos Martínez Elizondo. El litigio se acabó sustanciando en la Audiencia Territorial de Pamplona, que falló a favor de los descendientes del empresario catalán a quienes ordenaron les fuera devuelta la gestión del coso.

A estas alturas del año, la familia Chopera, que ya tenía cerradas las combinaciones de la Semana Grande, se vio obligada a resarcir con una fuerte compensación económica a los poseedores de los derechos de explotación del recinto taurino, para no incurrir en su ruina absoluta. Al final, el conflicto se resolvió con un aumento del canon de arrendamiento y la ampliación del mismo durante cinco años más. La empresa propietaria del teatro taurino fue la única beneficiada de tamaño desafuero, pues hasta el año anterior percibía 225.000 pesetas de renta anual, que, a partir de 1947, ascendió a 400.000.

En esos momentos, el ochenta por ciento de las localidades de 'El Txofre' estaban en manos de otros tantos abonados, lo que, junto a la presencia de *Manolete* en los carteles, desbordó el interés de los aficionados; y, al mismo tiempo, permitió que el precio de los boletos se cotizasen a unos precios astronómicos en la reventa. Se rumoreaba que se llegaron a pagar 7.500 pesetas por una barrera.

Este año la plaza de toros se llenó todas las tardes. Especialmente, la corrida en que comparecieron juntos, Manuel Rodríguez y Luis Miguel *Dominguín*. Por su parte, el espadachín cordobés ofreció una gran faena, frente a su primer enemigo, con el que derrochó cercanía, temple, y mando, al que después de trastear con las dos manos, y lucirse con sus clásicas manoletinas, mató con rotundidad, haciéndose acreedor a dos orejas. No obstante en su segundo turno, algunos espectadores le trataron con dureza, sobre todo un grupo de aficionados bilbaínos, porque Rodríguez mantenía un pleito con el coso del *Botxo*, al que se había negado a acudir ese año. Por su parte, Luis Miguel se mostró brillante con el quinto ejemplar del encierro, gracias a su amplio repertorio, e inició de la faena con pases de tanteo sentado en el estribo. Seccionó un trofeo, a pesar de marrar con el descabello.

El Gasómetro

En esta época, existía en San Sebastián una sociedad de cazadores denominada 'El Gasómetro', de la que *Manolete* era presidente honorario, y que todos los años, coincidiendo con las corridas estivales, ofrecía una cena restringida al diestro. En la edición de 1947, el torero de la sonrisa triste dio cuenta, con un gran apetito, de un amplio menú de sardinas asadas regadas con sidra de la tierra. El promotor del ágape era el aficionado, Eduardo Vega de Seóane.[xxix] En esta velada de ambiente relajado, el maestro cordobés reconoció que era un fumador compulsivo de cigarros rubios, salvo los días que toreaba, en que la preocupación le quitaba hasta las ganas de inspirar humo. A los postres confesó que nunca ponía vetos a ninguno de sus compañeros, incluido Luis Miguel, con quien ese año había pisado el ruedo donostiarra dos tardes .[xxx]

A estas alturas del curso, Manuel Rodríguez solo había estoqueado quince festejos antes de la cita de 'El Txofre', porque había perdido ocho funciones como consecuencia de diversas cogidas. A mediados de agosto, aún le faltaban por cumplir siete contratas, y tenía firmadas veinticinco más para el mes de septiembre -incluida la Corrida de la Prensa, el 25 de septiembre en Madrid, gracias a las gestiones de Víctor de la Serna-. Con la llegada de los meses invernales tenía previsto viajar a las plazas colombianas, pero no a las de México, porque el convenio taurino se había venido abajo.

Altavoces

En torno a 1948, se comenzó a sospechar que los donostiarras no eran tan aficionados a los toros como se pensaba, y que 'El Txofre' solo se llenaba gracias a los veraneantes, porque ese año se habían abierto los pasos fronterizos, y se notaba la presencia de un amplio numero de espectadores franceses, muchos de ellos llegados en autobús a la capital guipuzcoana.

Como gran novedad, coincidiendo con la celebración de la primera novillada de la temporada, se instalaron altavoces en las gradas del coso donostiarra para poder mantener informados a los espectadores de los resultados del partido de fútbol que esa misma tarde disputaba la Real Sociedad. El 31 de julio se organizó una sesión de deporte rural vasco.

Almohadillas

Como todos los años, al primer festejo de la Semana Grande de 1950 acudió el dictador Francisco Franco, acompañado de su esposa y correspondiente séquito. El Caudillo fue acogido con fuertes aplausos cuando compareció en el palco presidencial. Los lidiadores le brindaron la muerte de su primer enemigo.

Inesperadamente, tras la muerte del último toro del ciclo taurino anual, y mientras su matador intentaba completar la vuelta al anillo, una incesante lluvia de almohadillas inundó la arena del foro, sin que se entendiesen muy bien los motivos de la protesta. De hecho la prensa oficial aseguraba que la feria había sido muy exitosa, sin reconocer que la actitud arisca del público resumía los malos resultados artísticos que habían ofrecido los toros y toreros, y que se concretó en la entrega de tan solo dos orejas al portugués, Manolo dos Santos. En realidad, los hechos demostraron que sin *Manolete* en las combinaciones, y dado que Luis Miguel no había estado a la altura que se esperaba de él, las opiniones de los aficionados se dividieron y se mezclaron con el creciente mal humor del auditorio.

Chaplin recibe un brindis en El Txofre, la Semana Grande de 1931.[xxxi]

Vuelta al ruedo a los seis novillos

La temporada de 1951 fue una de las más brillantes de las últimas décadas, gracias a la programación que realizó Pablo Martínez Elizondo. La feria se abrió el 27 de mayo con una novillada, en la que fue notoria la escasa asistencia de espectadores. En la novillada del mes de julio, aconteció un suceso histórico: la vuelta al ruedo de los seis novillos del Marques de Villamarta a los que previamente habían desorejado sus estoqueadores.

El abono agosteño se concretó en la celebración de seis corridas de toros, entre los días 12 y 16, que mostraron otros tantos llenos, pues un 88% de los espectadores habían adquirido los abonos correspondientes. Los precios de los boletos en la reventa eran muy altos. En este ciclo sobresalieron los triunfos de Luis Miguel y Antonio Bienvenida.

Plaza de toros de Madrid

En el año 1952, la empresa 'Nueva Plaza de Toros de Madrid, S.A.' se hizo con el control accionarial del coso easonense, al frente del cual se situaron, Juan José Escanciano, Livinio Stuick y José María Jardón, en cerrada competencia con Pablo Chopera -que la había explotado los cinco años anteriores-, y una empresa sevillana que representaba Manuel Belmonte. El compromiso de arrendamiento incluía una opción de compra en firme por el 52% de las acciones de la compañía por la que pagarían un 700% más del valor nominal de las acciones, o la cifra de 14 millones de pesetas, pagaderos a través del Banco Mercantil.

Pro festival de Cine

La temporada de 1953 en la plaza donostiarra se inauguró el 14 de junio, con uno de los festivales de la Euskal-Billera; ciclo al que puso el punto y final una función de toros que complementaba el programa de actos con motivo del Festival de Cine donostiarra. De la misma manera, los primeros días de agosto se abrieron las puertas de 'El Txofre' para acoger un festival de folklore vasco, que incluía diversas pruebas de deporte rural, espectáculo que se había presentado en la Feria del Campo de Madrid, el mes de mayo.

Diluvio

Los días coincidentes con la Semana Grande easonense de 1954 fueron muy lluviosos. En la mayor parte de las corridas anunciadas en la Universidad de 'El Txofre' se hacía perentorio arenar los incontables charcos que salpicaban el ruedo por doquier y que, a los toreros, les obligaba a descalzarse antes de comenzar sus faenas. Consecuentemente, los espectadores acudieron pertrechados con impermeables, gabardinas y paraguas; porque en San Sebastián no se suspendían las celebraciones taurinas ni como consecuencia del Diluvio Universal. Como era tradicional, al primer festejo de la serie acudió el dictador gallego, a quien dio la bienvenida una banda de música de la Falange, apostada en el centro del redondel.

Mano a mano vasco

En la campaña de 1955 se jugaron en 'El Txofre' seis funciones de toros y cinco de novillos. El año se abrió con una novillada, que enfrentó a los novilleros vascos, José María Rekondo y Manolo Txakarte. El festejo acabó con el aspirante donostiarra en la enfermería tras estoquear a su primer enemigo. No obstante, en las corridas de agosto, con el título de matador bajo el brazo, el diestro de Igeldo se sacó la espina, tras cortar tres orejas, y abandonar la plaza a hombros de sus paisanos.

Los días de la Semana Grande, San Sebastián era lo más parecido a un mini Madrid pues la playa de la Kontxa, y las terrazas de los bares más céntricos, se encontraban pobladas de un número incontable de bañistas de procedencia capitalina, entre ellos sobresalían los principales cronistas de la vida mundana. La feria arrancó con los mejores auspicios y la concesión de orejas a los tres actuantes.

La empresa de Madrid adquiere 'El Txofre'

La Semana Grande tenía abolengo. El curso de 1956 la empresa gestora de la plaza de toros de Madrid sufragó los 14 millones de pesetas comprometidos para hacerse con la mayoría de las acciones de la sociedad propietaria del circo taurino de San Sebastián; operación inmobiliaria en la que se incluían los amplios solares que circundaban el coso y que se tasaron en 26 millones de pesetas.

El balance de la campaña se resume en la programación del mismo número de festejos que el año anterior –seis-, y casi la doble de novilladas, es decir, nueve. El primer domingo de agosto se abrió el programa de festejos de la Semana Grande con el tradicional alarde de folklore vasco en el escenario taurino. Esta edición resultó brillantísima, pues se llenó la plaza todas las tardes, a pesar de que los diestros anunciados tenían escaso tirón popular. Manolo Vázquez y Antonio Bienvenida no acudieron a la cita por resultar cogidos los días anteriores. En esta edición destacaron *Litri* y Antonio Ordóñez, que cosecharon dos trofeos cada uno. Como era habitual, *El Caudillo* y su esposa acudieron al último festejo del abono donde volvieron a ser aplaudidos.

La princesa de los ojos tristes

Una de las anécdotas mas recordadas en el coso del barrio de Gros, aconteció el 14 de agosto de 1957. Esta tarde el grandísimo Antonio Ordoñez fue cogido por un toro de Carlos Núñez. Orgullo de su origen rondeño, en lugar de retirarse a la enfermería, permaneció sobre la arena para cumplir con su misión, y ofrecer una de las mejores faenas de su carrera; muerte que brindó a Soraya, la conocida *Princesa de los ojos tristes*, esos mismos días repudiada por el *Sha* de Persia.

Agur

Por desgracia, 'El Txofre' fue una de las primeras víctimas de la especulación inmobiliaria, gracias a la indiferencia de las autoridades municipales -especialmente de su alcalde, Felipe Ugarte-, de la parálisis de los diversos movimientos populares donostiarras, y del silencio de los principales medios de comunicación.

El último festejo corrido en este escenario -un festival de despedida- se celebró el 2 de Septiembre de 1973 (Novillos de Carlos Núñez, para Antonio Ordóñez, Julio Aparicio; *Litri,* e Irineo Baz *El Charro*).

Unos meses después de su clausura, la oscura arena del ruedo donostiarra se devolvió a La Kontxa.

En los 23 años de vida de la plaza donostiarra se corrieron alrededor de 600 corridas de toros y 150 de novillos, aparte de un número sinfín de festejos menores. Desde el punto de vista trágico hay de destacar la muerte del banderillero, Paco Pita, el 24 de agosto de 1969, por un cornúpeto de Palha.

Último cartel anunciador de corrida de toros en Illumbe

Illumbe

Debieron transcurrir veinticinco años para que se levantase un nuevo circo taurino en Donostia. En realidad se resucitó el fallido proyecto de escenario polivalente de Martutene, gracias a dos soñadores irrepetibles: Gregorio Ordóñez -concejal del Partido Popular-, y Manuel Martínez Flamarique *Chopera* -el primer empresario taurino del mundo-, quienes hicieron realidad la quimera de inaugurar el renacido espacio taurófilo, el 11 de agosto de 1.998.

Dotado de las instalaciones más vanguardistas y capacidad para 10.400 espectadores, el coso de Illumbe se ubica en el área geográfica de Anoeta, compartiendo vecindad con el campo de fútbol del mismo nombre, el Palacio de Hielo, el Velódromo y un Frontón; oferta lúdica que, en su origen, complementaban diez multicines, numerosos negocios de hostelería, y un aparcamiento con capacidad para 640 vehículos, al servicio de este mega complejo de ocio que ocupa 18.240 metros cuadrados de superficie.

La novísima Plaza Multiusos de Toros de Illumbe cuenta con unas instalaciones de ultima generación, en la que sobresalen las cubiertas retractiles, "Lanik" y "Párpado", que se inspiran en las técnicas que emplean las estructuras espaciales móviles que, a la vez, son capaces de cubrir o descubrir el escenario taurino en tan solo diez minutos. Esto posibilita la celebración de festejos taurómacos en las tardes lluviosas, o durante los meses invernales. Las dimensiones son espectaculares: la cubierta retráctil tiene 8.000 metros cuadrados, de los cuales 2.500 pertenecen a dos elementos móviles de 60 toneladas de peso cada uno, que sirven para cubrir, o descubrir, una superficie con una extensión superior al diámetro del ruedo, es decir de 50x52 metros. Dicho espacio deja el cielo totalmente despejado en su nivel de máxima apertura.

La plaza *high tech* ha sido diseñada por los arquitectos, Zulaika y Muñagorri, contratados por la empresa, Fomento de Construcciones y Contratas, S.A., que levantó el recinto multiusos en tan solo ocho meses. La inversión total alcanzó la cifra de 14 millones de euros. Solo existe un único tipo de localidad o tendido, sin ningún tipo de palco o galería. El acceso al mismo se realiza a través de unos amplísimos vomitorios situados al nivel de la calle, de manera que la mitad de los asientos ascienden y la otra mitad descienden. La arena utilizada para cubrir el piso coso procede de Amorebieta (Vizcaya). En los primeros momentos, y para hacer viable el proyecto, se vendieron más de un millar de acciones, a cambio de un abono anual durante 15 años.

Para el estreno de la plaza de Illumbe se contó con las principales figuras del escalafón taurino del momento: Enrique Ponce, Rivera Ordóñez y José María Manzanares, quienes estoquearon seis toros de Torrealta.

La cubierta retráctil fue inaugurada oficialmente, el 30 de abril de 1999, con un festival a beneficio de los damnificados por el huracán Mitch; tarde que se jugó un encierro de Juan Manuel Criado, que pasaportaron de manera desinteresada: Paco Ojeda, César Rincón, Enrique Ponce, Manuel Díaz *El Cordobés,* José Tomás, Miguel Abellán, a quienes precedía el rejoneador navarro, Pablo Hermoso de Mendoza.

Arrasate/ Mondragón

La mitad de la provincia de Guipúzcoa -la montañosa y la interior- tiene por patrono a San Juan. Así, las poblaciones industriales más importantes, Eibar, Tolosa, Pasajes de San Juan, Hernani, Andoain, Mondragón... son *"sanjuaneras"*, mientras que las localidades costeras, Orio, Zarautz, Getaria, Zumaia, Mutriku ..., festejan la figura de San Pedro. Una de las excepciones es Azpeitia, que homenajea a San Ignacio de Loyola.

Según los historiadores de Mondragón, José María Uranga y José Letona Arrieta, las primeras referencias acerca de la celebración de festejos taurinos en Arrasate se remontan al año de 1527, coincidiendo con el nacimiento del futuro rey de España, Felipe II. De la misma manera, existen otras crónicas que recuerdan otras celebraciones taurinas coincidiendo con las fiestas de San Juan de 1631 y 1634. También merece la pena reseñar que en 1766, con motivo de la inauguración de un nuevo edificio consistorial, se exaltó la ocasión con la lidia de catorce bureles bravos. [xxxii]

El mismo Letona se remonta al año de 1885 para rememorar la convocatoria de una sesión del ayuntamiento en la que se ratificó una solicitud de la Sociedad Taurina de Mondragón, que tenía por objeto edificar una plaza de toros permanente. Esta sociedad, representada por el doctor Ricardo Añibarro, tenía el objeto social de programar funciones de toros, y otro tipo de espectáculos, para la entretenimiento de los vecinos del pueblo, *"en la época en que los establecimientos de baños estén concurridos por los bañistas de la corte y de otros puntos inmediatos"*; así como de los huéspedes de los alojados en los cercanos balnearios de Santa Águeda [xxxiii] y Aretxabaleta, tal como informaba la revista 'El Enano'. Los toreros y los forasteros que acudían a las fiestas tenían la costumbre de alojarse en el rimbombante *Hotel du Palais.*

Coincidiendo con la fiesta de San Juan de 1886 se inauguró el teatro taurino de Mondragón, que se asentaba en la zona oriental de la Villa, algo alejada del centro del pueblo, en los aledaños de la carretera de Bergara. Para su construcción se emplearon materiales de mampostería, piedra de cantera, y madera, según la descripción que ofrece la enciclopedia taurina El Cossío. El recinto tenía dos pisos de alturas y asientos para 2.360 espectadores, repartidos en varios tendidos y palcos abalconados del piso superior. Curiosamente, el coso no tenía callejón aunque contaba con los servicios de caballerizas, corrales, chiqueros, oficinas de administración, sala de toreros y enfermería. La primera función taurina se encomendó a un espada desconocido llamado Santos Ruiz *Cerote*. El corresponsal del periódico, 'El Día' informaba de esta buena nueva:

"...en la villa he hallado construida recientemente una flamante plaza de toros de piedra. ¿Y aun habrá quien se atreva a negar los visibles progresos de la civilización moderna? La plaza es muy bonita y cuenta con un crecido numero de palcos ocupados ayer por rostros femeninos que vemos durante el invierno en las mejores localidades del Teatro Real".

Este anfiteatro solo perduró 26 temporadas, quince años después de la clausura del balneario de Santa Águeda, cuyo broche sangriento fue el magnicidio, en sus instalaciones, del presidente del gobierno español, Cánovas del Castillo. Unos cuantos años después de su reconversión en hospital, también se cerró el coso taurino, que en última instancia, se había construido para complementar la oferta turística de los cientos de turistas –en su mayoría madrileños- que pernoctaban en el balneario. En este periodo de tiempo se verificaron festejos taurinos coincidiendo con las festividades de San Juan, y en ocasiones, con los *Andramaris* de septiembre.

Desafortunadamente, la última función taurina tuvo lugar el 29 de junio de 1912. Poco tiempo después, la plaza fue demolida para dar paso a la residencia del consejero de la empresa Unión Cerrajera, Dagoberto Resusta. En este mismo solar, unos años después, se edificó un bloque de casas al que se sigue conociendo como el nombre de 'Villa Amparo'. Los vecinos en una de estas fincas hacen honor a su pasado taurino, decorando su portal con una de las escasas reproducciones que aún se conservan del antiguo recinto taurino.

Tras la desaparición de la plaza de toros, los espectáculos taurinos se continuaron celebrando en diversos escenarios desmontables, ubicados en diversas campas de la ciudad: Goikobalu, Santa Bárbara, Maala (antiguo campo de futbol), Garibai, Zaldispe, Ziarrola, Laubide... Los últimos festejos taurinos programados en Mondragón, tal como apunta Uranga, tuvieron lugar con motivo de los *sanjuanes* de 1957. Ocasión en que, se cuenta, el novillero César González...

«Cortó una oreja del primero y dos orejas y rabo del segundo» el 24 de junio. Ese mismo día el chiclanero, Diego Oliva se llevó una oreja de su primer enemigo y el rabo del segundo». Al día siguiente, domingo 25, los cuatro novillos «fueron muy malos, y los novilleros Ariscal de Sevilla, y Corredor, de Salamanca, estuvieron a juego con sus enemigos».

La tercera sesión, en la que debían actuar la rejoneadora Ángela, y el principiante, Antonio Segovia, se suspendió por la escasa asistencia de espectadores. Entre las novilladas más memorables oficiadas en este coso, destacaban las promovidas por Jesús Yurre Galarza, quien trajo a Arrasate a algunos de los toreros más importantes del momento.

Aunque una de las fechas negras del calendario taurino mondragonés se remonta al mes de junio de 1890, tarde en la que el banderillero toledano, Ulpiano Revuelta *Melonero*, que residía en el sur de Francia sufrió una cornada en este ruedo.

Azkoitia

La tradición taurina de Azkoitia, tal como señala el historiador local, Juan Bautista Mendizábal, se remonta al siglo XVI, pues los presupuestos municipales correspondientes al año de 1518, asignaban diversas partidas dinerarias a sufragar la celebración de varias corridas de ganado fiero coincidiendo con la festividad de Santa Ana.

Otras referencias históricas similares acerca de la celebración de funciones de toros en esta localidad se remontan a los años anteriores a la popularización del toreo a pie, cuando eran los caballeros los principales protagonistas de este tipo de festejos –con exhibiciones y juegos similares a los que los rejoneadores ofrecen en nuestros días-. En este caso, los especialistas en la lidia a caballo, fueron los nobles locales, Alonso de Idiákez y Zuazola, coincidiendo con las fiestas patronales.

Asimismo, a esta plaza acudió a estoquear una novillada económica, *Txikito de Deba,* el día de la virgen de agosto de 1956.

Cartel toros de la plaza de toros de Azpeitía. [xxxiv]

Azpeitia

Una de las referencias más antiguas sobre la celebración de festejos taurinos y *sokamuturras* en Azpeitia se remonta a los años de 1518 y 1548, con motivo de la festividad de San Ignacio. En esta plaza actuó el caballero Alonso de Idiákez, unos años más tarde con la misma excusa festiva. En la temporada de 1823, organizó la feria del santo, un tal José Arregui.

De cualquier manera, hasta alrededor de 1880, para verificar las funciones de toros se improvisaba un coso en unas campas de las afueras del pueblo, mediante el montaje de un entarimado de forma rectangular, una de cuyas caras limitaba con el río Urola. El diario 'El

Liberal', nos recuerda las características de estas celebraciones y el ambiente que se respiraba:

"La concurrencia ha sido inmensa. Era más difícil conseguir una localidad que hacer triunfar a un candidato conservador en las próximas elecciones por Azpeitia. La plaza construida con tendidos de madera alrededor de la villa era espaciosa, y la afluencia extraordinaria de concurrentes le daban un aspecto animado y brillantísimo". [xxxv]

En las fiestas de 1885, los festejos comenzaron a verificarse a "plaza cerrada", para lo cual se acondicionaba un recinto de forma octogonal, con el graderío erigido de madera, en el que se distribuían los 2.100 asientos de tendido y 186 de palco –los más sobresalientes se encontraban en los balcones de las casas de dos pisos de altura que rodeaban el recinto-. Este escenario transitorio fue inaugurado por el novillero *Valladolid*. En este mismo circo, y en el curso de 1898, resultó herido de gravedad en el bajo vientre, *Cocherito de Bilbao*, justo en el momento que daba un cambio de rodillas, mientras actuaba de banderillero a las órdenes de *El Aseao*.

Unos años después se tomó la decisión de levantar un teatro taurino estable, de manera que en 1902 se constituyó la comisión promotora del nuevo recinto taurino, que se proyectaba en las afueras del casco urbano. Este mismo año, el Ayuntamiento delegó el proyecto, planos, y presupuesto correspondiente, en el Maestro de Obras, Domingo de Ezeiza; quien, tras realizar diversas modificaciones, fijó su aforo final en 3.500 espectadores. El recinto contaba con un ruedo de 36 metros de diámetro, alrededor del cual se repartían tres burladeros, seis chiqueros, tres corrales, dos cuadras, el patio de caballos y una enfermería. La obra requirió una inversión de 19.000 pesetas.

Ezeiza, que además era el alcalde de Azpeitia y había logrado cierta fama como pelotari, con el mote de *Mardura*, delegó las obras de edificación en los contratistas Ignacio Astigarraga y Nicolás Azpiazu. Al final, tal como estaba previsto, la rutilante plaza de toros de Azpeitia abrió sus puertas el 31 de julio de 1903, con la actuación de Eduardo Leal *Llaverito,* en sustitución de Castor Jaureguibeitia que, unos días antes, había sufrido una cogida en Madrid. *Llaverito* pasaportó cuatro novillos de Cecilia Montoya (Navarra).

Una tradición irrepetible que cada año tiene lugar en este teatro taurino es la interpretación de un *zortziko* fúnebre, compuesto por el organista *azpeitarra* Aldalur, *"Irugarren zezenaren zortzikoa",* justo en el momento en que el festejo llega a su ecuador. Con este *zortziko* se recuerda la cornada mortal sufrida, en este coso, por el subalterno de Deba, José Ventura Laka, el 1 de agosto de 1841.

En la temporada de 1922, este circo taurino se integró en la Asociación de Propietarios y Empresarios de Plazas de Toros de España, al igual que los recintos taurófilos de San Sebastián y Bilbao. En 1930, la novillada patronal la organizó la Peña Usabiaga con gran éxito.
Durante muchos años, la feria de Azpeitia ha tenido un carácter eminentemente torista, pues era una de las pocas poblaciones en las que se corrían con regularidad reses de mayor trapío, procedentes de las ganaderías de Isaías y Tulio Vázquez, Escolar, Palha, Pablo Romero...

Al mismo tiempo, las instalaciones de este recinto taurino acogen con frecuencia la celebración de un amplio abanico de actividades relacionadas con el deporte rural vasco.

Bergara

En 1893, con motivo de la celebración del primer aniversario de la firma del Convenio de Vergara, que trajo la paz al país, se realizaron en Bergara numerosas *"funciones de iglesia"*, a las que asistieron los máximos dignatarios de las tres Diputaciones "hermanas", el "virrey" Rivero, y los comandantes generales de las tres provincias forales y el general Jáuregui, *El Pastor,* uno de los más famosos guerrilleros independentistas. Este cortejo, entre otras decisiones, debía designar un espacio público específico sobre el que levantar *"un obelisco destinado a perpetuar el hecho"*; ocasión en la que bailó un *zortziko* el caballero Otalore, miembro de una de las *"principales familias del país"*. Evidentemente para completar el programa festivo no faltaron diversas corridas de novillos durante dos días consecutivos.[xxxvi] Cuatro años más tarde, se seguía conmemorando con sesiones de novillos el referido convenio político que puso fin a la primera guerra carlista.

Cuentan los cronistas de la época que el 25 de julio de 1896 perdió la vida en la plaza de toros de Bergara, el banderillero Florencio Vicente Casado *Frascuelo.*

Cartel anunciador de las corridas de las fiestas de Deba, 1908.[xxxvii]

Deba

A lo largo del siglo diecinueve, todos los años acudían a Deba a tomar los saludables baños de mar numerosos veraneantes. Para muchos de estos turistas, el programa de festejos coincidentes con las fiestas patronales de agosto era una de las principales ofertas de divertimento. Una de las primeras informaciones relacionadas con las celebraciones taurinas coincidiendo con los *Sanrokes* de Deba se remontan al verano de 1850, cuando el diario 'El Popular', informaba de la celebración de tres festejos taurinos, los días 16, 17 y 18 de agosto, en los que:

"Don José Ituarte y su cuadrilla, acompañados de tres hermanos del pueblo, de apellido Zuzabarros, estoquearon un novillo de José Bermejo (Peralta), y dos de Lastur que debían servir para el entretenimiento de los espectadores, con el acompañamiento musical que suministraban, alternativamente, algunos aficionados y los tamborileros. Las tres noches "además de los regocijos y fiestas de costumbre", se dieron fuego a "diferentes ruedas de fuego artificiales, sin carecer de cohetes..."[xxxviii]

En el mes de agosto de 1883, era el periódico 'La Unión' quien informaba del aristocrático ambiente veraniego que se respiraba en el destino turístico de Deba, y en las localidades vecinas, abarrotadas de un amplio elenco de personas principales forasteras, sobre todo a partir de la llegada del ferrocarril, que llevó aparejada la construcción de una parada de tren, a mediados del siglo XIX:

"En Zarautz se encuentran los marqueses de Narros, los condes de Guaqui y del Real, los duques de Granada, los marqueses de Águila Fuentes, San Luis y otras muchas familias. Los condes de Guaqui se ocupan en preparar su castillo de Juan Torrea para hospedar a la Reina Isabel que ira a tomar las aguas de Zestoa. En Deba hay muchos literatos y hombres públicos". [xxxix]

Deba es una de las localidades guipuzcoanas en las que la lidia de ganado bravo tiene mayor tradición. Especialmente con motivo de la festividad de San Roque, se incluye, al menos, una función de novillos como parte principal del programa de actividades lúdicas, tal como lo dejó refrendado el escritor local Eduardo García Elosúa, cuando afirmó:

"Decir Deba y San Roque es sobre todo, decir toros. Desde hace más de 250 años, agosto tras agosto, Deba se transforma. La Plaza del Ayuntamiento, como antes la Plaza Zaharra, se convierte en un peculiar y genuino coso taurino que está cargado de historia".[xl]

En la lejana temporada de 1868, al igual que todos los meses agosteños, se celebraron las fiestas de esta pintoresca villa. En esta edición sobresalían, además de sus solemnes fiestas religiosas, los fuegos artificiales, las cucañas y las corridas de novillos. Los dos festejos taurinos ofrecieron algunos lances muy entretenidos, a pesar de que el matador contratado estuvo constantemente a merced de los bureles, uno de los cuales le acabó hiriendo. En una de esas tardes de agosto, se notó la presencia sobre la arena de dos banderilleros, hijos del país, que sumaban entre los dos un número de años *"que no bajaban de 144"*; de acuerdo con la reseña aparecida en el diario 'La España'. Uno de ellos se supone que era *Zapaterillo*, y el otro su padre.[xli]

Unos años más tarde, un redactor del 'Boletín de Loterías y de Toros', que ocasionalmente se encontraba en Deba, informaba de la particular manera que tenían algunos aficionados locales de participar en las celebraciones taurinas,

"...se ha celebrado en aquel punto una novillada en la que el toro de muerte, después de mecharle dos de los diestros ajustados, le mató el pueblo a martillazos".[xlii]

También es tradicional que estos mismos días se celebre un festejo taurino, al que se denomina 'Corrida de los Marineros', que habitualmente protagonizan varios jóvenes del pueblo. Siguiendo las tradiciones de sus antepasados, los vecinos de Deba mantienen la costumbre de que los espectáculos taurinos sean el principal atractivo de su programa de fiestas. En este sentido, el diario 'La

Época' reproduce la crónica correspondiente a una lluviosa tarde del mes de agosto de 1892, escrita por José María de Mourín:

"Estamos en plena novillada. El alguacil de mentirijillas hace el despejo en medio de las palmadas y risas de los concurrentes. Se presenta la cuadrilla, dirigida por el conocido y simpático peluquero de la villa llamado Bernardino Esnaola, alias Mazzantini, los picadores montados en pequeños burros y comienza la brega". [xliii]

Otro de estos días, después de protagonizar numerosas escenas cómicas, sufrir algunos revolcones, e intentar el salto de la garrocha, se asistió a la actuación de un chaval del pueblo, Julián *El Zapaterín*, frente a unos bureles con los pitones embolados, festejo del que se reseñó sus principales ingredientes:

"los diestros cogiendo por las puntas una capa roja a guisa de colosal bandeja, recorrieron la plaza pidiendo a los concurrentes lo que buenamente quisieran dar -la entrada fue gratis- a fin de sufragar con el dinero recogido los gastos de la novillada y comer todos reunidos al día siguiente".

Los espectadores debieron ser muy generosos, porque la cosecha recaudatoria, habitual después de actuar, debió ser muy abundante. Según cuentan las crónicas de la época, en el capote del diestro –recipiente de la generosidad del respetable- se encontraron "monedas de plata" en abundancia y muchas "perras grandes y chicas".

Los festejos patronales normalmente arrancaban el día de la Virgen, con la participación de *"los bañistas"* que veraneaban en ese hermoso rincón del mar Cantábrico. La crónica de las fiestas del verano de 1892 -con la *"obligada función de iglesia, procesión e iluminación, cucañas marítimas, y juegos de gansos en la ría"*-, manifestó una enorme exhibición de *"sombreros, tocados y prendidos madrileños"* a la hora de misa, tal como la relató un reportero de 'La Correspondencia de España', quien describió con minuciosidad la organización de la fiesta taurina:

"A falta de plaza de Toros, se utiliza para organizar novilladas el espacio donde está situada la casa del Ayuntamiento. Un bien dispuesto andamio cierra el local y forma el tendido. Los balcones de las casas son los palcos".
Como prólogo, antes de comenzar la igualmente ancestral mojiganga de los Marineros, se bailó un *aurresku*, protagonizado por
"Doce lindas señoritas (que) *se prestaron a ser las parejas de doce marineros, haciéndolas un honor que ya supieron agradecer" (...) "Las parejas, luciendo las clásicas boinas eran conducidas a la plaza, entre arcos de flores y follaje por cuatro bailarines".* [xliv]

El estilo *sui generis* y desparpajo inaudito de Zacarías Lekumberri, cuando pisaba las arenas taurinas, no tenía parangón tal como se pudo comprobar en Deba. Su descomunal fuerza física es notoria en numerosos pasajes de su carrera tauromáquica. El 16 de agosto de 1911, el novillero vizcaíno estaba anunciado en el coso *debarra*. El recinto se encontraba tan abarrotado que solo para acomodar a los asistentes se necesitó más de una hora, a pesar de la ayuda de un retén de guardias civiles.

El festejo transcurría con total normalidad hasta que el espada se perfiló para estoquear al segundo enemigo del concierto, que había brindado a la bella señorita del pueblo, María Gándara. Inesperadamente, una parte del público se abalanzó literalmente hacia la barrera deseosa de admirar la colocación de la estocada, lo que hizo que se derrumbase una parte considerable de la grada.

Zacarías, contrariado, con grandes reflejos y una fuerza gigantesca, asió al burel por los pitones y el rabo, evitando que cundiese el pánico entre los espectadores accidentados, mientras esperaba a que se pusiesen a salvo y se restableciera el orden. A pesar de todo, algunos concurrentes resultaron heridos de cierta consideración.

Con motivo de las fiestas del 16 de agosto de 1932, la revista 'La Fiesta Brava' informaba de los prolegómenos que precedieron a la suelta de un encierro de novillos, demasiado grande y fiero, tal como al parecer, eran del gusto de la *afición local*:

"Primero, encierro al estilo de Pamplona; luego Aurresku a todo pasto y finalmente me dio el embolado en buena lid y, en la barriga. Así que apenas si me han quedado fuerzas para protestar de la catástrofe que se cernía sobre la plaza del pintoresco pueblo guipuzcoano, merced a la desaprensión de un empresario sin conciencia que contrató a un modesto novillero (Víctor Delgado) para estrellarse ante unos toracos imponentes y con unas velas que pedía a gritos el entierro. Tal eran de terroríficas. El segundo dio en canal 200 kilos y...murió sin picadores en un "cuadrado" del tamaño de la clásica caja de higos. Y el primero, le enganchó a Mella II y le dio un palizón, pero no todo había de ser dar,; le "quitó" tres dientes y le partió un labio con la sana intención de que no pueda reírse". [xlv]

Al igual que en Azpeitia, en el intermedio de los festejos taurinos, se interpretaba el *zortziko* fúnebre en memoria del desgraciado rehiletero nacido en este pueblo. Asimismo, en el curso de 1882, el banderillero *Salerí* resultó cogido de gravedad por un novillo de Beriaín .

Eibar

La tradición de programar corridas de ganado bravo en la ciudad armera, con motivo de las fiestas de San Juan, viene de muy antiguo.

Al principio, se alababan los festejos en algunas plazas de madera provisionales. En una de ellas, la temporada de 1881, se corrió una novillada de Lastur, en la que hubo que lamentar la cogida del durangués, Juan Mentxaka, justo en el momento en que quebraba al cuarto novillo de la muy concurrida celebración.

Así, en los Sanjuanes de 1883, se anunció la actuación del bilbaíno, Bernardo Hierro, quien contó con la ayuda del vitoriano, Santos Ruiz. En estas mismas fiestas, *"además de fogatas nocturnas"*, se corrieron varias vacas emboladas, al igual que todos los años anteriores, para el divertimento de pueblo llano más juvenil. En el año siguiente, entre los principiantes anunciados destacó, un tal *Cubanito,* que ganó un "billete de banco", regalo del señor marqués de Isasi, a quien brindó su faena sobre el redondel.

En el curso de 1898, un empresario apellidado López, desistió de seguir adelante con la celebración del segundo festejo de la feria, tras sacar a subasta el ganado bravo que ya se encontraba encorralado, a pesar de que al primer festejo había acudido un amplio abanico de aficionados bilbaínos, tal como informaba 'El Enano'.

En los primeros años del siglo XX, Eibar era una ciudad rica y de gran actividad industrial, gracias a su pujante industria armera y derivados de la metalurgia artística –entre los que sobresalían, el damasquinado y el grabado- y su correspondiente exportación a los países americanos.

De manera que las fuerzas vivas de la Villa aprovecharon esta favorable coyuntura económica para levantar un escenario taurino, sobre una reducida llanura lateral que había en las laderas de un monte próximo. El edificio, de mampostería, piedra, ladrillo, y madera, contaba con dos pisos de altura, y una doble línea de ventanas exteriores, alrededor de las cuales se situaban las galerías respectivas. En el primer piso se repartían los tendidos y en el segundo las gradas. El aforo total alcanzaba el número de 5.265 espectadores. Tras varias décadas de decadencia, y a causa de la falta de mantenimiento regular, el estado ruinoso del piso superior, hizo que los servicios de arquitectura municipales decretaran su derribo, dejando su aforo en 2.800 asientos, alrededor de un redondel de 37 metros de diámetro, según referencias tomadas de 'El Cossío'.

El coso de la antigua villa del partido judicial de Bergara se inauguró el 24 de junio de 1903, tras un año de obras, con la actuación de Castor Jaureguibeitia, quien pasaportó -sin la mínima brillantez- cuatro novillos de Clairac. El revistero de 'El Toreo', Juanito Aldal - que brindó su reseña al *"ilustrado ingeniero D. Manuel Aróstegui"*- recogió los prolegómenos y el ambiente que se respiraba esa tarde:

"Desde primeras horas de la madrugada, grande era la afluencia de bilbaínos que se dirigen deseosos de pasar alegremente un día en la industriosa Villa de Eibar, y de admirar, no solo la belleza de las mujeres de este suelo (que es mucha), sino de apreciar el trabajo de nuestro paisano el Cocherito de Bilbao" (...)" Excuso decir que con lo mucho que se estima en Eibar a Castor Ibarra, y con el aliciente que daban las mujeres preciosas de esta tierra, tan elegantes y tan ataviadas de riquísimas alhajas, hizo que a las cuatro y media de la tarde, hora designada para comenzar el espectáculo, estuviera llena por completo la plaza, rebosante de alegría y animación. Y obsequiados todos por aquellos alegres pasacalles, ejecutados primorosamente por la bonita banda de aquí, comenzó el espectáculo taurino..."[xlvi]

En estas primeras ediciones, también acudían a la feria eibarresa algunas señoritas estoqueadoras, entre las que se encontraba, Salome Rodríguez *La Reverte*, que sufrió en esta plaza uno de los percances más graves de su carrera, tal como informaba el semanario 'El Enano':

"La simpática y valiente matadora La Reverte, quien resultó cogida aparatosamente, resultando con una grande cornada en la parte inferior del muslo izquierdo, de diez centímetros de profundidad. Se le practicó la primera cura, y fue trasladada a Bilbao para tomar en dicho punto el rápido de Madrid".

Los festejos de 1907 fueron todos de *durse*. Se programaron dos grandes corridas del campo salmantino, que pasaportaron en solitario, *Machaquito* y *Chiquito de Begoña*, los días 24 y 25 de junio. Para no ser menos, la siguiente edición se anunció a *Cocherito de Bilbao*, y Zacarías Lekumberri. Y el curso de 1912, el mexicano, Rodolfo Gaona actuó de espada único las dos tardes.

A partir de 1917, con la irrupción en el panorama de *Pedrucho de Eibar* y de unos cuantos aspirantes locales más, puede considerarse la edad de oro de la fiesta de los toros en Eibar. En sentido contrario, en los siguientes años, los *locos* años veinte, en que se agudizó la crisis económica como consecuencia de la crisis del negocio de exportación de armas a los mercados de ultramar, comenzó la decadencia del tauródromo eibarrés, en estos momentos propiedad de los hermanos Rezola.

En la primera novillada del curso de 1924, los dos matadores anunciados resultaron cogidos, de manera que el sobresaliente de espada fue incapaz de finiquitar al último bicho del encierro. Así, los responsables de la empresa organizadora tuvieron que desplazarse con urgencia a Bilbao a contratar a dos nuevos espadas para la novillada del día siguiente. Uno de los diestros cogidos, un tal Pintao, recibió una cornada de diez centímetros en la región glútea, de cuya curación se ocupó el doctor Gómez Lumbreras.

Modernización

El año de 1959 se acordó la modernización del decadente escenario taurino de Eibar. La siguiente temporada se corrieron 9 festejos taurinos, entre los que sobresalió el protagonizado por *"Cagancho"*, Aparicio, *"Antoñete"*, Victoriano Valencia, Curro Romero y Enrique Trujillo. El último día de septiembre se estrenaron las 3.300 localidades que ofertaba el coso. Para la función se contó con el concurso de Ángel Peralta, Jaime Ostos y Paco Camino.

Los cursos posteriores se promovieron numerosas novillada, con y sin piqueros, en los que actuaron, entre otros futuras figuras de la fiesta: Amadeo Dos Anjos, Manuel Álvarez *El Bala*, José Manuel Intxausti *Tinín, Macareno, El Pireo,* Gabriel de la Casa, Pepe Luis Vargas, *El Lince, El Niño de la Capea...*

Las siguientes décadas, las novilladas y festivales se siguieron sucediendo, a las que se enfrentaron nombres de la talla de Andrés Vázquez, Roberto Domínguez, *"Yiyo"*, Luis Francisco Esplá, los hermanos Campuzano, Ruiz Miguel, Curro Romero, Rafael de Paula y Curro Vázquez. El tradicional 'Festival Taurino Ignacio Zuloaga' fue el que dió mayor notoriedad a la plaza, gracias al concurso activo de la 'Peña Taurina *Pedrucho* Eibarresa'. xlvii

Elgoibar

En opinión del etnógrafo, Koldo Lizarralde Elberdin, las primeras
noticias acerca de la celebración de festejos taurinos en Elgoibar se
remontan al año de *"1.732 cuando el alcalde de Elgoibar ordenó traer
unos toros del Reino de Navarra"*.

De igual manera, el 4 de octubre de 1746 *"se personó en el
ayuntamiento de Elgoibar, Pedro Bastan, vecino de Villafranca de
Navarra, mayoral de la ganadería de Mariana Vicuña de Tudela"*;
quien consiguió cuatro bureles para que se corriesen en esta Villa,
por los que el tesorero municipal satisfizo 25 ducados de plata, *"en
moneda de Navarra"*.

Las fiestas patronales de San Bartolomé, el 24 de agosto, han servido
de excusa para la programación de funciones de *sokamuturra* y
taurinas en Elgoibar, desde tiempos inmemoriales y hasta mediados
del siglo pasado, en diversas plazas públicas, especialmente
acondicionadas al respecto.

Las fiestas de 1893 fueron especialmente brillantes, pues ese año se
dotó al pueblo de luz eléctrica, con una escuela para niños de ambos
sexos, y se montó una *plaza de toros*, lo que motivó la llegada de una
gran afluencia de forasteros a disfrutar de las fiestas. Este curso, las
dos corridas de novillos navarros contaron con el protagonismo de
Juan Arregui *Guipuzcoano*. A este festejo, acudieron el ex ministro
Balaguer y el diputado a Cortes, Asís Pacheco, invitados en persona
por el alcalde de la localidad, Mariano Muguruza.[xlviii]

Como es bien sabido, este pueblo es la cuna natal de Luis Mazzantini,
de manera, que coincidiendo con la Semana Grande de 1885, la
corporación municipal de Elgoibar se trasladó a San Sebastián con
objeto de agasajar al matador de toros del pueblo, a quien regalaron,
en el mismo ruedo y tras la muerte del cuarto burel del encierro, un

estoque de muerte. Era una verdadera obra de arte de la orfebrería eibarresa, en el que destacaba la empuñadora de hierro, con valiosas incrustaciones de oro y plata, que tenía grabada en cada una de sus caras, la inscripción: *"Elgoibar a su hijo Luis Mazzantini"* y en el reverso: "2 de agosto de 1885". La vaina de la tizona estaba adornada con un retrato del diestro y *"los atributos principales del arte taurino"*, según la reseña aparecida en 'El Enano'. Como remate al homenaje, tras las finalización del festejo, el Ayuntamiento elgoibarrrés, junto a numerosos aficionados a los toros, obsequiaron al torero con un opíparo banquete en la fonda Ezcurra.

Fotografía de la plaza de toros de Fuenterrabía.[xlix]

Fuenterrabía/ Hondarribia

Cuenta la leyenda que el 1 de julio de 1638, mientras la mayoría de los vecinos de Fuenterrabía se entretenían presenciando una corrida de reses bravas en la Plaza de Armas, 25.000 soldados del ejercito francés invadieron Guipúzcoa tras cruzar la frontera pirenaica a través de ocho puntos distintos del río Bidasoa. Aunque, según la Asociación de Vecinos del Casco Viejo de Hondarribia (Harresi), la referencia más antigua acerca de la tradición taurina de esta ciudad se remonta a 1474; año en el que se verificaron varias funciones de toros de muerte en un circo taurino provisional, coincidiendo con las fiestas de Santiago y de la Virgen de septiembre. En este escenario destacaban las localidades situadas en los balcones de las casas vecinales que rodeaban el recinto taurino.

Los primeros años era el propio Ayuntamiento quien corría con todos los gastos de montaje y desmontaje de las talanqueras, asientos y ensamblaje del coso. Con frecuencia, se optaba por delegar la organización en distintas empresas especializadas.

Los historiadores locales, Javier Aramburu y Javier Sagarzazu, recuerdan las características de uno de estos festejos:

"Solían correrse habitualmente cuatro toros que debían ser capeados, banderilleados y muertos a estoque; dos toros más que tras ser

toreados con capa, recibían las banderillas y eran retirados al corral; y finalmente uno o dos novillos embolados para disfrute de los aficionados". [1]

Las relaciones de Hondarribia con la fiesta taurina son innumerables. Así, con motivo de las fiestas de Carnaval de 1895, el ayuntamiento acordó *"reproducir la antigua fiesta taurina de correr bueyes ensogados por la calle Mayor"*, de forma que la comisión municipal se encargó de *"adquirir la soga"* correspondiente, a la vez que entró en tratos con un ganadero llamado Goyarro. Estos mismos días, 'El Enano' aseguraba que en San Sebastián, *"los entusiastas de esta fiesta"* van a solicitar que se corran en aquella capital más bueyes ensogados de los inicialmente anunciados durante los Carnavales.

En cualquier caso, Fuenterrabía, como ciudad receptora de turismo, nacional y francés, desde tiempos inmemoriales, necesitaba contar con una plaza de toros estable que ayudase a incrementar el número de visitantes. En este nuevo escenario taurino de obra, construida en mampostería, piedra, cal, y madera, sobresalían los seis tendidos, en los que se repartían las 6.912 localidades numeradas: 4545 tendidos y 2.367 palcos; gradas todas ellas a las que se accedía a través de cuatro empinadas escaleras. Al mismo tiempo, el recinto contaba con los correspondientes servicios de caballerizas con capacidad para veinticuatro equinos, cuatro corrales, siete chiqueros, los despachos de administración, la consejería, una enfermería, taquillas de venta de billetes, y la sala de espera de los toreros. La inversión total ascendió a 73.656 pesetas, en las que estaban incluidas las 10.000 *rupias* correspondientes a la adquisición del solar. De manera que el coso se inauguró el 24 de julio de 1892, con un mano a mano entre Ángel Pastor y *Bonarillo*, bajo la presidencia del alcalde, Olegario Laborda. En cualquier caso, la revista 'El Toreo', se hizo eco de la efeméride que al parecer no resultó lo popular que se esperaba de acuerdo con la reseña trasmitida por la prensa:

"La gente. Fue mucha la que hubo en Fuenterrabía, pero no la suficiente para llenar la plaza. ¿Por que? Esto tiene más misterio que corazonadas del general". "Plaza nueva. Corrida de primera. Día esplendido. ¿Que más faltaba? Nada. Nuestras clases acomodadas de las que veranean por ahí cerca, las que dan realce a las fiestas y... dinero a las empresas, las que se las echan de proteccionistas, hasta de nuestro espectáculo nacional, brillaron por su ausencia. Esto no quiere decir que la fiesta no resultase brillante. Pero... en fin, que debió ir más gente de la que fue". [li]

Unos años más tarde, en 1896, tal vez tratando de emular al antiguo empleado ferroviario de Elgoibar, en estos momentos reconocido torero, aparecía una noticia en las paginas de 'Pan y Toros' en la que se aseguraba que:

"los empleados de la estación de Pasajes de acuerdo con los de Irún, proyectan en Fuenterrabía la fundación de una escuela de tauromaquia. De llevarse a efecto tal proyecto, la dirección se encomendará a un reputado matador de toros",. [lii]

Una de las principales novedades del curso de 1901 fue la presentación en las arenas del coso taurino de Fuenterrabía del espectáculo bufo que lideraba, Don Tancredo, quien resultó cogido de cierta consideración. Al año siguiente, un estoqueador de nacionalidad mexicana, José Rascón, *"fue derribado y corneado en el suelo"*, aunque milagrosamente no resultó herido. El mes de mayo de 1910, realizaron el paseíllo la cuadrilla de Niños Sevillanos, que lideraba *Joselito*.

Otro rumboso alcalde de este concejo, que años después dirigió el semanario 'El Bidasoa', Francisco Sagarzazu, pretendía acometer la construcción de una nueva plaza de toros con capacidad para 10.000 espectadores en los años 30, que evidentemente nunca se llevó a efecto.

Todavía en septiembre de 1958 y 1959, se promovieron varias corridas de cierto nivel en la plaza de Fuenterrabía, tardes que se jugaron reses de Alberto Cunhal Patricio (Chamaco, Ordóñez, Manolo Vázquez, Antonio Cobo, Manolo Carra y Santiago Vázquez).

El verano de 1974, en un escenario provisional, se programaron tres nuevas funciones de toros que intentaban contrarrestar la pérdida de 'El Txofre' en San Sebastián, promovidas por el propio Consistorio municipal, a las que se midieron: Paco Camino, *El Niño de la Capea*, Ruiz Miguel…, quienes se disputaron el trofeo *El Arpón de Oro*.

Precisamente, en la Villa de Fuenterrabía, según una información publicada en 'La Lidia', tenía abierta casa el singular personaje, Juan Alcoce, quien contaba con una selecta Biblioteca taurina, en la que sobresalía una amplísima colección de dibujos de los diestros más antiguos de la historia del toreo, colección que ofreció a la anterior revista para que ilustrasen sus portadas. Este mismo mecenas, viajero impenitente, afirmaba que el Emperador de Rusia, poseía otra galería inigualable de cartones taurinos, que él mismo le había regalado. [liii]

Entre otras anécdotas, la etiqueta de *ciudad balnearia*, permitió que el verano de 1885, la familia del celebre diestro *Frascuelo*, veranease en Fuenterrabía. Asimismo, el 11 de agosto de 1889, falleció de una cornada sobre las arenas de este foro taurino un torero apodado, *Perita.*

Hernani

La escritora Sagrario Arrizabalaga, en su libro acerca de la tradición taurina de Irun, recogiendo el testimonio de Boucher de Perthes, se refería en estos términos a las principales características de una función de *sokamuturra* celebrada en una plaza de Hernani los años 1819 y 1820:

"A las diez las ventanas y los balcones se llenaron de gente, la muchedumbre se colgó de las balaustradas y de todos los lugares en los que pudieron encontrar sitio" (...) *"El toro fue soltado algunos minutos después. Los que estaban en el ruedo comenzaron a darle gusto a las piernas para evitar su primer choque".*

De igual manera, con motivo de las fiestas de San Juan de 1930, se celebró un festejo cómico-taurino en una plaza de toros desmontable instalada en la villa *hernaniarra,* que contó con la participación de los toreros cómicos: *Charlot, El Tonto, Llapisera y Compañía.* Un año después, y promovidos por la Sociedad Urumea, se promovieron dos festejos taurinos coincidiendo con las fiestas de carnaval: uno de ellos protagonizado por el novillero local, *Jardines,* a quien la prensa comparaba con un aviador, por estar *"más tiempo en aire que sobre la arena"* y el segundo, organizado por la misma agrupación, en que se invitó a los jugadores de la Real Sociedad a un banquete previo y después a los toros.

Minuto, vestido de pelotari, viendo morir al morlaco la tarde que se inauguró de la plaza de Irun.[liv]

Irún

Al menos desde el siglo XVII se corrían festejos taurinos en distintas plazas públicas de Irun. Y de manera más habitual en la situada en los aledaños de la Iglesia Parroquial y, unos años después, en la plazoleta denominada del 'Juego de la Pelota', coincidiendo con las festividades de San Pedro y San Marcial y, en ocasiones, con motivo de los *Andramaris* del mes de septiembre.

En 1886, la revista 'El Enano' avanzaba la noticia de que se estaba construyendo un circo taurino provisional en Irun, que debía inaugurarse coincidiendo con las fiestas de Carnaval, con dos o tres corridas de novillos, aunque hubo que esperar a la temporada de 1910 para contar con el teatro taurino estable. Varios años antes, algunos empresarios iruneses habían presentado varios proyectos arquitectónicos dirigidos a la construcción de un recinto taurino en una explanada próxima a la estación ferroviaria.

El nuevo recinto taurófilo contaba con un aforo para 8.000 espectadores sentados, alrededor de un ruedo de 45 metros; además de las cuadras, patio de caballos, enfermería, sala de toreros y demás dependencias habituales en una plaza de toros. La construcción de la plaza fue promovida por un grupo de prohombres locales que acabaron invirtiendo 225.000 pesetas, mediante la emisión de 1.000 acciones de 100 pesetas cada uno. El proyecto estaba firmado por el arquitecto Luis Elizalde, quien delegó los trabajos constructivos en el contratista de Bera de Bidasoa, Ramón Zabaleta. Alrededor del nuevo recinto taurino se promovieron numerosas casas y chalets.

Este redondel se levantó sobre unas campas del caserío Mendívil, previa constitución de la Sociedad Plaza de Toros de Irun. La nueva plaza se inauguró el día de San Pedro de 1910, con buen tiempo, y una excelente asistencia de aficionados *"para que la nueva se viera llena"*. En aquella primera tarde se jugaron seis reses de Juan Manuel Sánchez Carreros, *"que resultaron superiores, siendo modelos de bravura y nobleza los lidiados en primero y tercer lugar"* -de acuerdo con la reseña ofrecida por 'El Enano'-, que fueron pasaportados por Enrique Vargas *Minuto*, José Claro *Pepete* y Manolo Torres *Bombita Chico*, que sustituía a su hermano, Ricardo, cogido unos días antes en Barcelona. Desgraciadamente, este anfiteatro taurino cerró sus puertas diez años después.

La nota simpática de la efeméride inaugural la puso el diestro *Minuto*, que realizó el paseíllo vestido de pelotari, totalmente vestido de blanco, y con un lazo azul al cuello. No es que pretendiera agradar más al público local, sino que se le había extraviado en el tren expreso de Barcelona el baúl en el que viajaba su vestido de luces, tal como aparece retratado en las páginas del ABC. El atuendo regional no impidió que el pequeño matador diese dos gigantescas estocas por las que fue premiado con una oreja.[lv]

No obstante, unos días después, ocurrió un hecho de gran proyección popular, en medio de una lluviosa tarde, cuando se presentó Joselito *El Gallo*, un imberbe novillero de quince años de edad, junto a José

Garate *Limeño.* Ambos, integrantes de la cuadrilla de *Niños Sevillanos,* torearon seis novillos de Carreros. El sobresaliente Francisco Díaz *Pacorro,* pasaportó el séptimo novillo del concierto.

Para mayor comodidad de los aficionados, los boletos de las funciones en la plaza de toros de Irun, se podían adquirir en San Sebastián, San Juan de Luz, Biarritz y Bayona, entre otras ciudades destacadas y, para facilitar la asistencia a los festejos, se programaban horarios especiales de tranvías desde Fuenterrabía que funcionaban hasta las 12 de la noche. El 25 de septiembre de ese mismo año, se celebró *"una becerrada aristocrática"* en la que un tal Alberto Braniff, promotor y pagano de la fiesta, estoqueó en privado cuatro bichos de Carreros, con la ayuda de *Manolete* padre y su cuadrilla.

Rafael *El Gallo*. Irun, agosto, 1916.[lvi]

En la plaza de Irun realizó una de sus primeras incursiones empresariales el patriarca de la casa Chopera, Severino Martínez, en el curso de 1914. En la temporada de 1915 no se programaron espectáculos taurinos como consecuencia del estallido de la I Guerra Mundial. Algunas temporadas, como la de 1916, el coso de Irun compitió con el de San Sebastián, gracias al desencuentro que mantenía el Duque de Tovar con la empresa donostiarra, a su vez empresaria del circo de Madrid, porque su principal directivo, Mosquera, promocionaba una exitosa pareja de toreros: *Machaquito* y *Bombita;* a los que el ganadero-empresario opuso a Vicente Pastor y Rafael *El Gallo.* Desgraciadamente, Rafael Gómez –que esa tarde había cobrado 9.000 pesetas- protagonizó en la plaza *irundarra* uno de los "petardos" más sonoros de su carrera, frente a unos toracos del propio Tovar, grandes, mansos, poderosos, broncos..., dos ellos reparados de la vista.

A una de estas "joyas", el banderillero del Divino Calvo, Lucas, le estoqueó a escondidas por debajo del capote, repetidamente, lo que hizo que el enfado del respetable fuese tan evidente que el público invadió el redondel, y agredió al maestro y a su alumno, hasta que las fuerzas del orden consiguieron protegerles del intento de linchamiento.

Cuando en 1920 se derruyó el coso irunés, los festejos, de manera más o menos circunstancial, se siguieron celebrando en distintas plazas desmontables, incluida una alquilada al ayuntamiento de Urretxu, en el curso de 1935.

Lezo

A finales del siglo XIX, se sabe que se corrían funciones de novillos y *sokamuturras* en Lezo tal como queda atestiguado en un cuadro de Gustave Colin.

Mutriku

La tradición de celebrar festejos taurinos en Mutriku, especialmente *sokamuturras*, con motivo de las fiestas de la Virgen María Magdalena, patrona de esta Noble y Leal Villa, es antiquísima.

Una de la leyendas más repetidas hace referencia al propietario del caserío Erlete de Itziar, quien debió adquirir un bicho fiero para que se corriese en las fiestas *debarras* de San Roque y, posteriormente, para alegrar las celebraciones festivas de Mutriku, donde gustaron tanto sus acometidas que los empresarios *azpeitarras* lo apalabraron para las celebraciones de San Ignacio.

De la misma manera, en las fiestas de julio de 1935, se corrieron en la plaza de Mutriku tres reses de Saka, que fueron banderilleadas y muertas a espada por los toreros bufos de la sociedad Euskal Billera, *Baldeón y El Tonto*; sesiones taurinas que se complementaron con matinales de *"corridas de vacas emboladas"*. El espectáculo cómico ya había formado parte del programa de fiestas del año anterior.

Actualmente, en las campas del caserío Korostola de esta localidad tiene censada la actividad de ganadero de bravo, Francisco Zubiaurre Andonegui, con la divisa roja y blanca.

Oñati

Oñati no es la villa de mayor tradición taurina en la provincia foral, aunque al parecer las fiestas patronales de Nuestra Señora del Rosario, a finales del mes de septiembre, servían de excusa para ofrecer sesiones de *sokamuturra,* o toro ensogado, como parte fundamental de los programas festivos.

El bilbaíno, *Ale,* despachó en esta plaza los dos festejos taurinos correspondientes a las fiestas de 1910, en las que se corrieron dos encierros de reses de López Navarro, a las ~~los~~ que se enfrentó Zacarías Lekumberri.

Asimismo, el 29 septiembre -con Luis Calderón de la Barca y José Vera *Niño del Barrio*-- y el 6 octubre de 1929 -con José Vera *Niño del Barrio* y Raimundo Serrano-, protagonizaron dos festejos taurinos menores.

Pasaia Antxo

La localidad de Pasai Antxo cuenta con una añeja solera taurina. El historiador conocido por las siglas B.U.L., recoge que el 13 de julio de 1913, con motivo de las fiestas patronales, se celebró, en una plaza de toros provisional, una becerrada que pasaportaron los espadas locales: Florentino Garayartabe *El Machaco,* Eleuterio Zaballos *El Carterito* o *Veneno* y Miguel Gotianadia *El Chuncho.* Al mismo tiempo, en la página web municipal y firmada por M., aparece una amplia crónica taurina que recoge con gran detalle todos los pormenores organizativos, correspondientes al festejo celebrado el 7 de julio de 1914:

"En nuestra sin par plaza de toros, construida exclusivamente para este gran acontecimiento taurino, se celebrará el magno desafío entre los nunca bien ponderados matadores Machaco y Chuncho, que se las entenderán con dos magníficos novillos-toros de la renombrada ganadería de Lastur".

Así decían los programas de mano anunciando la becerrada en que los aficionados Sres. Garayartabe y Garitaonandia se las iban a entender con dos escuálidas cucarachas procedentes de Lastur en la plaza que, a tal efecto, se había montado en el patio de la Cochera, es decir, en el que ocupa la casa denominada de "los bolos" y donde actualmente se celebran las capeas de embolados. La plaza se montaba a base de bocoyes, cedidos por D. Francisco Otaegui, y tablones de los contratistas Sres. Landa e Inchaurrondo, estando los toriles en la cuadra de Jangoikua, famoso boyero del puerto.

La víspera se trajeron los cornúpetos a las 9 de la noche, constituyendo un acontecimiento y un rato de expansión cuando soltaron un buey de Jangoikua que hizo las delicias de muchos aficionados...

A la mañana siguiente, y muy temprano, ya se empezó a disfrutar del festejo de la tarde. En el kiosco que fue del Sr. Berroa pusieron grandes carteles que decían: "Sol", "Sombra" y "No hay billetes". Hubo elementos de las cuadrillas que ya se ataviaron con los trajes de luces al amanecer y no se los quitaron hasta dos días después. ¡Qué discusiones tan acaloradas se suscitaron, en la hora del vermut, entre los incondicionales de ambos matadores! Que si Machaco le tumbaría antes, que si Chucho haría el Tancredo, que si por gaoneras, que si por galleras... en fin: que aquello era un maremágnum en el cual tomaban parte ambas cuadrillas, refrescando los ánimos con continuas libaciones.

A las dos de la tarde se reunieron en casa de Berdasco, y en sendos coches, magníficamente engalanados, fueron a Lezo a tomar el rico "moka" y lo "otro".

Con más de tres cuartos de hora de retraso llegaron... bien ... a calmar las iras del respetable (forastero, porque al de casa no nos cogía la cosa de sorpresa) y a demostrar las grandes condiciones taurinas de ambos matadores.

Se inició el despeje, corriendo la llave Errechil, montado sobre el caballo del carnicero, D. Fidel Sancho (q. e. g. e.) con los matadores antes dichos, actuando de banderilleros, Ceballos alias Veneno, Machain (a) Terremoto, el barbero Minuto, Atilano y otros cuyos nombres mi memoria no conserva. Las mulillas y los caballos pertenecían a la cuadra de unos tales, Cortajarena y Dalmáses, podencos que conducía Aberneta, el de los aceites.

La plaza ofrecía un magnifico aspecto. Todos los balcones abarrotados de público, así como también las aceras de la "frontera", su escalera y todo el perímetro de la improvisada plaza. De la lidia de ambos becerrotes, nada os quiero contar, pues aquello era un "jubileo". Hubo banderillero que colocó una banderilla en una oreja y la otra en el rabo.

Los matadores salieron ambos por la bodega de Berdasco, escoltados por Shantus y un miquelete; pues recuerdo que Machaco le pegó 32 estocadas y Chucho no sé cuántas porque... se acabaron los números del marcador, siendo el héroe de la tarde el sin par Errechil, que fue el que tumbó a los dos bichos de dos puntillazos.

Como remate de la fiesta, se reunieron al día siguiente nuestras autoridades y las cuadrillas en un banquete que tuvo lugar en la misma plaza, acabando la jornada con la lidia de otro buey de Jangoikua". [lvii]

El 7 de Julio de 1932, en una plaza portátil, montada en una campa denominada Molina, estoqueó una novillada Manuel Jiménez *Chicuelo II*. Sin embargo en numerosas ocasiones eran los aficionados locales quienes protagonizaban los festejos taurinos con motivo de las fiestas patronales, en cerrada competencia con los partidos de pelota que se celebraban las mismas jornadas. Y como no podía ser de otra manera, unos años más tarde, en la feria del pueblo actuó *Txikito de Rentería*, en una novillada sin picar.

La celebración de los últimos festejos taurinos de los que se tiene noticias en esta plaza, tuvo lugar en los Sanfermines de 1957, en un escenario provisional situado en la plaza de Zumalacárregui. Desde entonces el programa de celebraciones taurinas se reduce a un encierro de vaquillas con una puesta en escena similar a los pamplonicas.

Fotografía de una becerrada en Pasaia Donibane

Pasaia Donibane/ Pasajes de San Juan

Cuenta la leyenda que uno de los toros de lidia más bravos y famosos, criado en las ganaderías navarras, se corrió en la plaza de Pasai Donibane, el 15 de agosto de 1858, ocasión en que el burel, de nombre "Almirante", se escapó del ruedo para ascender las escaleras de los cuatro pisos del edificio que acogía las dependencias del ayuntamiento *pasaitarra,* del que desalojó a todos los espectadores que se encontraban presenciando el espectáculo. Al parece, el burel consiguió asomar sus cuernos al balcón que miraba al cuadrilátero. Según otra fábula similar, en otra ocasión un bicho de Lastur se acabó ahogando en el mar después de escaparse del redondel.

En las novilladas programadas en 1881, ninguno de los espadas anunciados resultó cogido, cosa rara en este coso, en el que los aficionados eran partidarios de reses de muchas arrobas.

En 1898, Gustave Collin, presentó un cuadro que recogía una estampa correspondiente a una novillada corrida en Pasai Donibane, imagen que enlaza con otra obra de similar contenido, titulado, 'Toros en Pasajes', pintada por Darío de Regoyos, que ilustra una celebración similar, tomada desde el cercano monte San Pedro.[lviii]

En 1925, se celebró una novillada en la plaza de Santiago, convenientemente acondicionada, en la que además de las talanqueras, sobresalía el adorno de los balcones de las casas que servían de palcos taurinos.

Rentería-Errenteria

"Cuenta la leyenda que Cesar Borgia, días antes de morir en las cercanías de Pamplona, pasó por Rentería donde habría estoqueado dos toros y un búfalo. El búfalo, animal de reserva, se habría quedado de sobrante en Roma desde la corridas que se dieron en honor del Papa Alejandro, y en las cuales actuó de sobresaliente de espada, el hermano de Lucrecia, la cual como es sabido era esposa putativa del Vicario de Cristo en la Tierra".

(Don Jerónimo) [lix]

En Rentería-Errenteria se conserva la tradición de correr ganado fiero y *sokamuturras*, de manera habitual, al menos desde los años finales del siglo XIX, tal como quedó inmortalizado en un cuadro de Regoyos. A una de estas funciones, celebrada en la Plaza de Los Fueros, acudió el aún niño, y futuro rey, Alfonso XIII, acompañado de la reina regente, para presenciar una corrida de novillos.

En el mes de agosto de 1925, se celebró una becerrada con ganado embolado a la se midieron varias *neskas* locales, que aparecieron retratadas luego en las páginas de 'La Lidia' mostrando sus virtudes toreras. En este mismo escenario, el mes de junio de 1926, se anunció una charlotada, en la que actuaron, *Llapisera*, José Lerín *Muchacho* y el Guardia Torero. Desgraciadamente, momentos antes de comenzar el espectáculo, se hundió un tendido, sin que hubiese que lamentar ninguna desgracia personal por fortuna. En julio de 1935, comparecieron el novillero local, *Txikito de Rentería*, junto a Manolo Callejo, y pasaportaron cuatro novillos de Terrones, sin brillantez.

Lamina de Frascuelo en la plaza de Tolosa, publicada en la Lidia.

Tolosa

Eso, construyesen plazas
de toros todos los días,
y mientras tanto que rabien
Severine y compañía.[lx]

Una de las referencias más antiguas acerca de la lidia de reses bravas en la antigua capital de Gipuzkoa se remonta a los años de 1518 y 1549, coincidiendo con las fiestas de San Juan Bautista. Casi tres siglos después, el periódico 'El Guardián Nacional', correspondiente a su edición del 2 de diciembre de 1839, informaba de una reunión extraordinaria de la Diputación Foral guipuzcoana, en la localidad de Azpeitia, que se enalteció con la celebración de un "*Te Deum, ezpatadantzas,* fogatas nocturnas y corridas de novillos". Estos mismos días, y como consecuencia de hacerse público el Real Decreto que reponía los Fueros, se programaron diversas celebraciones festivas en Tolosa, entre las que sobresalía el "*repiques de campanas, tamboril y música en las calles y novilladas mañana y tarde*".

El 20 de junio de 1894, el diario 'El Popular' informaba de la "*preparación de grandes funciones de toros para celebrar la festividad de San Juan*", en las que destacaban la lidia de varios bureles navarros. [lxi] Al año siguiente, en la villa *tolosarra*, al igual que en la mayoría de las ciudades españolas, estaba prevista la celebración de diversos bailes y lidias de ganado fiero, con motivo del inminente alumbramiento de su SM, el príncipe Fernando de Borbón y Borbón, quien fallecería solo unos días después de su nacimiento.[lxii]

En las dos funciones celebradas con motivo de los *Sanjuanes* de 1857, muy accidentadas, resultaron lesionados varios banderilleros y picadores, mientras que el primer espada, un tal Pérez, fue "*obsequiado con tres toros*" la primera tarde y con dos la siguiente. En 1858 con ganado navarro de Bermejo y de Carriquirri, al matador Julián Casas *Salamanquino* "*le tiraron varias frutas*", como signo de disconformidad con el trabajo que había ofrecido.

Durante las fiestas de 1863, en una accidentada corrida en este coso, resultaron heridos, el durangués, Domingo Mendíbil y los miembros de su cuadrilla, Joaquín Vega y *Rechina* -ingresado en el hospital de Tolosa-, a quien un revistero le aconsejaba que "*no conviene hacerles el viaje siempre por un mismo lado, porque aprenden mucho, y lo peor de todo que aprenden a coger (los novillos)*". En estas misma fiestas actuó de banderillero y segundo espada, un aspirante local apellidado, Abazola, *"que sabe correr los toros y pone los pares donde se debe"*, de acuerdo con la información aparecida en 'El Enano'.

Asimismo, coincidiendo con la fracasada revuelta revolucionaria protagonizada por el general Prim, el estoqueador asturiano, José Antonio Suárez Iglesias, que se había significado como defensor de la causa liberal, no pudo cumplir la contrata escriturada para torear en Tolosa, los días 24, 25 y 26 de junio de 1866 - ganado de Raimundo Díaz-, porque unas jornadas antes se había visto obligado a exiliarse a Francia; país al que llegó escondido en un baúl para burlar el control policial. Su puesto en el circo tolosano lo ocupó *Frascuelo* que daba sus primeros pasos en el escalafón novilleril.

Se cuenta que esa tarde, el diestro granadino, tuvo que estoquear el sexto toro del encierro, antes que al anunciado en el quinto turno, pues, mientras trataba de descabellar a su oponente, el ejemplar previsto en último lugar apareció de improviso en escena. El espada, sin inmutarse, le alegró con la muleta y le atizó una contundente estocada.

Salvador Sánchez, en esa misma tarde, cobró la friolera de 3.000 reales por las tres contratas; suma dineraria que escondió en el baúl que le había prestado un amigo para transportar los avíos de lidia, sobre el que pasó toda la noche sentado sin despistarse un segundo, por miedo a que le robasen.

En el curso de 1882, compareció en este ruedo, Fernando Gómez *Gallito Chico,* padre de *Joselito* y Rafael *El Gallo,* para contener en solitario contra cuatro cornúpetos navarros, una lluviosa tarde que no impidió que casi se llenase el recinto.

Esta última temporada, el ayuntamiento de Tolosa había solicitado al Gobierno Civil el permiso correspondiente para celebrar la lidia de cuatro bureles de muerte en la plaza de la Justicia -actual plaza de Euskalherria-, en la que una empresa especializada colocó varios tendidos de madera alrededor del ruedo. Unos cuantos años después, la mayoría de los pilares de la vieja ágora, continuaban numerados como testigos mudos de las celebraciones taurófilas.

De igual manera, para festejar la festividad de Santiago de 1885, el Casino dispuso una novillada, *"cuyos productos metálicos"* se destinaron a la beneficencia tolosarra.

En la siguiente temporada de 1893, se verificaron dos corridas con motivo de las fiestas patronales, en las que *"el elemento forastero ha tenido en ella numerosa y escogida representación"*, según escribió un tal Mariano, enviado especial de 'El Enano'.

Es de sobra conocido que, para realzar los principales acontecimientos públicos, se programaban diversos festejos taurinos, de manera que los primeros meses de 1893, para solemnizar la instalación de la luz eléctrica y la dotación de aguas potables en Tolosa, se verificaron dos festejos taurinos en la misma plaza de la Justicia.[lxiii]

En las fiestas de Carnaval del año siguiente, se lidiaron en el mismo redondel dos novillos de Lastur. Y ocurrió que uno de los espectadores levantó una de las barreras que protegía la entrada a un portal, por el que se introdujo un burel, que causó el pánico cuando consiguió subir las escaleras y acceder a varios cuartos del piso principal, *"donde zapateó de lo lindo a tres personas que se encontraban en una habitación"*. Milagrosamente fue innecesaria la intervención de la Guardia Civil, al comprobarse que la fiera retornó al escenario taurino.

A principios de 1897, se comenzaba a rumorear el proyecto de edificar *"una plaza de toros que no desmerezca en nada de las de otras provincias"*, y para cuya gestión se había ofrecido al ayuntamiento, el ganadero de Tudela, Vicente González, quien había propuesto la organización de dos corridas de toros y varias de novillos. No obstante, hubo que esperar a noviembre de 1901 para que comenzase la construcción del coso *tolosarra*, en una explanada a que se denominaba de San Esteban. Finalmente, el recinto se consiguió inaugurar el 24 de junio de 1903, con un encierro de Jorge Díaz (Navarra), que despacharon: *Guerrerito* y *Bonarillo-* en lugar de Ricardo Torres *Bombita,* a quien un burel había herido en Barcelona, unos días antes.

La plaza, promovida por varios emprendedores locales, contaba con 5.500 localidades, distribuidas en 5 tendidos, 42 palcos y 30 gradas, todos ellos alrededor de una circunferencia de 37'5 metros de diámetro; instalaciones que completan dos corrales, siete chiqueros, un patio de caballos, cuadras, y la enfermería. Del diseño de los planos se encargó el arquitecto Alejandro Múgica, y el presupuesto ascendió a 23.000 duros.

Entre el programa de fastos testificados en este anfiteatro, se encuentra una encerrona benéfica promovida por el Club Cantábrico de San Sebastián, en el verano de 1907, en el que actuaron dos conocidos miembros de la alta sociedad madrileña (Leopoldo de la Mazza y Gabriel de Benito) que contó con la asistencia de la Familia Real al completo, que ocupó una tribuna construida *ex profeso* en el tendido numero 1. La comitiva real llegó procedente de San Sebastián a bordo de un despampanante coche.

Otro acontecimiento sobresaliente fue la actuación de José Gómez Ortega *Joselito,* el 24 de julio de 1918, que se encontraba en el momento más álgido de su carrera. No solo pasaportó cuatro bureles en solitario, sino que asumió la función de empresario tras arrendar el circo taurino. La campaña de 1910, ya se había presentado en este redondel al frente de la cuadrilla de *Niños Sevillanos*. [lxiv]

En el capítulo de anécdotas, se encuentra un becerrada benéfica, promovida en 1926, en la que realizó el paseíllo Paulino Uzkudun, en esos momentos campeón de Europa de boxeo, tan bien conocido como *El Toro Bravo*, junto al portero del Unión Deportiva de San Sebastián, Lampreé. En este mismo apartado, se sitúa la celebración de ~~en~~ otro festival taurino, en el que actuó un tal, Sir Henry Seegrave, a la sazón, *"campeón mundial de velocidad en automóvil y en canoa a motor"*.

Las dos corridas, una de toros y otra de novillos, correspondientes a las fiestas de 1930, las promovió un empresario llamado, Cayetano Minuesa. En una de aquellas tardes, un toro de Veragua cogió de gravedad al banderillero navarro, Gregorio Yanguas.

De igual manera, en plena guerra civil, el 29 de junio de 1938, Juanito Belmonte Campoy fue incapaz de pasaportar uno de los utreros que le correspondieron en suerte, de manera que, como tampoco conseguía que retornase vivo a los corrales, el presidente del festejo requirió la presencia sobre la arena de un piquete de Requetés, a quien ordenó *"fusilar in situ al novillo revolucionario"*.

Además de las celebraciones taurinas, este recinto acoge con regularidad otros tipos de actividades lúdicas, entre las que sobresalen los carnavales y las pruebas de deporte rural vasco.

Urretxu

La festividad de Santa Atanasia, a finales de septiembre, sirve de excusa irrenunciable a los vecinos de Urretxu para programar funciones taurinas. Así, los días 22 (San Nicolás de Lastur) y 27 de septiembre de 1908 (José María Romero de Estella), se corrieron dos novilladas que capearon, banderillearon y estoquearon, José Fuentes *Troni* -el primer día- y Mariano Ponce *Cocherito de Murcia*, novillero pimentonero afincado en Bilbao, la segunda tarde, quien contó con la ayuda del sobresaliente, *Limonero*. El año siguiente anunciaron al aspirante Félix Etxebarría.

En las fiestas de 1931 se programaron dos espectáculos menores. La primera tarde se soltaron dos novillos de un supuesto *Barón de Mendaro* a los que se simuló la muerte; festejo que se cerró con la lidia de un novillo del Marques de Villagodio por parte de *Rodalito II*, a quien secundaban varios subalternos vizcaínos (*Chatillo Bilbao* -de sobresaliente-, Federico Medreón y Jesús Pascua). La segunda tarde se ocuparon del divertimento la cuadrilla de toreros cómicos: *El Tonto, Charlot y LLapisera*, quienes contendieron con dos fieras de Lastur, a las que de nuevo se simuló su muerte a estoque.

En el ciclo de 1935, la plaza desmontable, con capacidad para 2.500 espectadores, propiedad del ayuntamiento, se alquilaba a otros pueblos.

Fotografía de la plaza de toros provisional de Zarautz.[lxv]

Zarautz

El carácter eminentemente turístico de Zarautz obligaba a que las corridas de reses bravas formasen una parte sustancial de la oferta de ocio de los meses veraniegos. No obstante, esta ciudad nunca ha contado con un escenario taurino estable. De todas las maneras, está ampliamente documentado que ya en los siglos XIX y XX se celebraron funciones taurinas, con motivo de las fiestas patronales de San Pelayo, a finales del mes de junio, y durante el mes de agosto.

En cualquier caso, en dos cartas, correspondientes a los días 2 y 6 de septiembre de 1904, se solicita al ayuntamiento el cierre de una plaza del pueblo para desarrollar los festejos. De hecho, se asignó una partida municipal, de 50,75 pesetas de subvención, a diversas sociedades para organizar las actividades tauromáquicas. Igualmente, en los archivos municipales se conservan los contratos firmados con algunos toreros, entre ellos el correspondiente a Mariano Ponce *Cocherito de Murcia*. También figura, entre los expedientes justificativos, un pago de 24 pesetas a Rafael Molina, *"constructor de toda clase de banderillas"*, reputado especialista en la fabricación de rehiletes de lujo, a quien se solicitó un pedido de veintiséis unidades.

De la misma manera, la prensa de la época refleja numerosas referencias relativas a la celebración de diversos festejos taurinos en distintos cosos provisionales. En uno de ellos, el bilbaíno, Ramón Zurita realizó el paseíllo de ordenanza, el 28 de agosto de 1910. De la misma manera, el 15 de agosto de 1931, un desconocido espada local, apellidado Sudupe, fue el protagonista de otro festejo menor.

Las referencias más recientes se remontan al curso de 1983, año en que el consistorio promovió, los días 19, 21 y 23 de julio, tres festejos en los que actuaron varios conocidos matadores de toros (Aguilar Granada, Emilio Oliva, Salvador Marín, Manolo Arruza, Ortega Cano, *Morenito de Maracay*, Pepe Luis Vargas, *El Yiyo*...) quienes se midieron a los encierros de José María Soto de la Fuente, José Escobar y Juan Lora Sangrán. Así mismo, el día 24 se anunció, el espectáculo bufo *'El Torero Bombero'*. El mes de agosto de 1984 se celebró la última corrida de la que se tienen noticias en una plaza portátil en Zarautz.

Plaza de toros de Zestoa.[lxvi]

El balneario de Zestoa es, sin disputa, el mejor de España; sus aguas, sin rival, y pintoresca situación, delicioso clima y soberbia cocina, servida este año por los cocineros de Lhardy, justifican bien la predilección que el público le dispensa.

(El Heraldo de Madrid)[lxvii]

Zestoa

Las virtudes curativas de las aguas del Balneario de Zestoa tenían tanto prestigio que el verano de 1883, la mismísima reina Isabel II se trasladó desde su residencia veraniega de Lekeitio al palacio de los condes de Guaquil, en Zestoa, para poder tomar las aguas termales por segundo año consecutivo. En esta ocasión fue recibida por el *"venerable patricio euskaro Sr. Egaña"*.[lxviii] Estos mismos días, la concurrencia de bañistas era tan alta, que se debía esperar turno en la *"venta"* para conseguir encontrar habitaciones disponibles. Entre los cientos de clientes de las termas, se encontraba el entonces presidente del gobierno, Francisco Silvela, que allí mismo, firmó un Real Decreto, a mediados de septiembre de 1899.

Entre los visitantes más asiduos de esta villa balnearia, no faltaban algunos reconocidos diestros, como Antonio Sánchez *El Tato*, a quien un tal doctor Benavides, le recomendó tomar los baños en Zestoa para mejorar la cicatrización de la herida causada por una cornada. De la misma manera, el verano de 1931 el diestro Rafael Guerra *Guerrita* estuvo *"haciendo curas de agua"*, en el balneario zestaotarra, a donde acudía con frecuencia tras su retirada.

La presencia habitual de turistas foráneos, hizo que en algunos momentos se pensase en levantar una plaza de toros permanente en Zestoa, con objeto de complementar la oferta de atractivos lúdicos. Por desgracia, se tuvieron que conformar con continuar habilitando la plaza mayor del pueblo, de forma rectangular y en cuesta, mediante la colocación de una estructura de madera, para poder acoger las tradicionales novilladas en honor de San Roque.

Coincidiendo con la festividad de la Virgen de septiembre de 1892, el diario 'La Libertad', informaba de la celebración de un festejo menor en Zestoa.

No obstante, en 1930, el galeno de Mutriku Ignacio Artetxe Aramburu, autor del libro, *"El arte de criar a los Niños"*, describía en el periódico 'El Día', con gran minuciosidad, la lista de incidentes que habían sucedido la víspera de uno de los festejos del mes de agosto de 1897:

"Corría el mes de septiembre del año noventa y siete sobre año más o menos. Toros en Zestoa el día clásico de la Virgen. Y este año toracones de mucho respeto. Venían de Navarra y puente de Emparan adelante enfilan la casa de Amezua, frontera a la de Ibero, pero una preparación defectuosa de la encrucijada motiva la alarmante dispersión de los

astados que carrera loca salen, calle arriba, a plena Plaza Mayor, en día de mercado, martes solemne y sobre mercaderes y tiendas ducha, afortunadamente sin causar males mayores, continúan desando lo andado, a Misericordia y Landeta, donde se arropan nuevamente en laboriosa gestión diplomática de los mansos, para iniciar nueva huida en el mismo sitio y motivo. Esta vez no se les recoge, se dispersan unos hacia Elormendi, quien por Garmendia Gaiña, alguna hacia Urrestilla. Días duros, la persecución accidentada y curiosa, alguien que fue notable "laister kari y que unos llaman Otsaka y otros Athero" pueden recordar lo que sus piernas valieron para salvarse del apurado trance. Por fin recogieron tres que a Zestoa se llevaron y en su plaza lidiaron, distinguiéndose ellos por su bronca "marraja" pelea, volviendo vivos al corral y sirviendo la ocasión para que despuntara un modesto y simpático Castor Ibarra Jaureguibeitia Cocherito de Bilbao que merced a su valor conquistó las simpatías plenas del pueblo azpeitiano, que ayer como hoy, ocupa unánimemente el tendido del sol, cabe la casa de la viuda en la cuadrilátera arena, mientras cantaban también a coro: ¡¡Cosos de Zestoa...Ora pro nobis". [lxix]

Esta buena actuación de *Cocherito*, le sirvió para que el año siguiente le anunciaran en la "Sevilla guipuzcoana", es decir en Azpeitia. En las fiestas de 1925, resultó cogido de cierta consideración en este rectángulo el diestro Fernando Rosales *Rosalito*.

Sánchez Mejías, Márquez y Juan Belmonte antes de arrancar el paseíllo. Y   un momento de la cogida de Belmonte al ser recogido del suelo por Mejías.[lxx]

Zumaia

La historia taurina en esta urbe es muy añeja. En las primeras décadas del siglo XX se registran algunos festejos con motivo de las fiestas de San Pedro, en un teatro taurino improvisado, la mayoría sin picadores, protagonizados por distintos novilleros
 de segunda categoría, entre los que eran habituales los hermanos Ocejo.

La inmortalidad taurómaca de Zumaia se debe a la cogida que sufrió Juan Belmonte en una plaza de toros ocasional que, en distintas oportunidades, promovió el pintor Ignacio Zuloaga, en las que participaron algunos matadores de toros amigos suyos, con fines benéficos. En uno de estos festivales, el 24 de agosto de 1924, tomó parte el maestro de Triana, que se encontraba veraneando junto a su familia en la localidad turística -tal vez posando para uno de los tres retratos que le realizó el artista eibarrés-. En aquella tarde un novillo de Antonio Pérez Tabernero le infligió una cornada de cierta consideración.

Esa misma tarde, como preludio a la celebración taurómaca, y para animar a los veraneantes y vecinos a acudir al coso, la banda de música municipal recorría las principales calles del pueblo atacando un marchoso pasodoble taurino, dirigido con mucho garbo por el maestro Lasalle, *"que se cubría con una boina roja de tamaño descomunal"*.

La revista 'El Toreo', informó del ambiente que mostraba el festejo a beneficio del asilo de la localidad, y de las circunstancias concretas en que se produjo el percance. El festival estuvo promovido por Zuloaga, Ortega y Gasset, el maestro Lasalle, y el cronista taurino, Fernando Gillis *Claridades*; al que asistieron, entre otras personalidades, el Conde de Romanones y el político, García Prieto:

"La corrida despertó un gran interés y el deseo de admirar al famoso trianero llevó a Zumaia a muchísimos aficionados. Los palcos se pagaron a 500 pesetas y a 20 las entradas. Antes del desfile de las cuadrillas, la banda dio un concierto dirigido por el maestro Lasalle y varias parejas bailaron diversos bailes regionales" (...) "Al hacer un quite, con su emociónate estilo, Belmonte es derribado. La cogida produjo una enorme emoción. Rápidamente fue conducido a la enfermería donde le apreciaron una herida en el escroto, larga y superficial con desgarre de la piel en toda la extensión del escroto"

La herida se la curó el doctor Serrano, en el hotel donde veraneaba el maestro de Triana. La obra pictórica, "El retrato de Belmonte", firmada por Zuloaga, que se rifó tras la finalización de la corrida, le correspondió al aficionado bilbaíno, Carlos Bayo. En el programa inicial estaba previsto que cantase Miguel Fleta, acompañado a la guitarra por Zuloaga, y que realizase una exhibición pugilista, Paulino

Uzkudun. Coincidiendo con el centenario del nacimiento del espada andaluz, José Ortega Spottorno recordó aquel sangriento contratiempo:

"El pintor Ignacio Zuloaga, mi padre y otros amigos habían organizado un festejo taurino a beneficio del hospital de ancianos que se estaba construyendo. Se improvisó una placita de madera, acudiendo generosos a la llamada de aquellos intelectuales y artistas nada menos que Juan Belmonte, El Algabeño, Antonio Márquez, Valencia II, y el rejoneador Antonio Cañero. Allí vi por primera torear a Juan Belmonte, al que un toro dio un tremendo cornalón. Acompañé a mi madre después a visitar a Julia Cossío, su esposa, en el hotel (Amaya) donde se hospedaba, para preguntar por el herido. Allí estaba también su hija Yola". [lxxi]

La celebración de este concierto taurino se extendió al menos hasta septiembre de 1953, año que presidió el festejo el propio Juan Belmonte, acompañado por una nieta de Zuloaga, la marquesa de Villaverde.

Tercera Parte

Toreros guipuzcoanos

A

Aguirre, Pedro *Fenómeno de Azitáin*

Pedro Aguirre (Eibar), también conocido como *Belmonte de Azitaín* fue uno de los espadas que el mes de julio de 1915, actuó en la plaza de su pueblo, aunque no consiguió traspasar las fronteras taurinas más allá de las localidades colindantes. Unos cuantos años después formó parte de la Comisión Taurina *eibarresa*.

Aguirretxe

Un novel de nombre, J.R. Aguirretxe compareció en el redondel de Atotxa, a mediados del mes de agosto de 1876, para estoquear un encierro de Lastur.

Aldabaldetrecu, Juanito. *Aldaba*

Juan Aldabaltrecu actuó en distintas becerradas benéficas promovidas por la sociedad Euskal Billera, los meses de junio de 1930 y mayo de 1931. De acuerdo con la reseña transmitida por 'El Día': *"torea por naturales como un maestro, larga una estocada un poco trasera y acaba de un puntillazo en la propia yema. Ovación y vuelta al ruedo".* [lxxii]Todavía, en el mes de junio de 1954, toreó una becerrada de similares características en la que le premiaron con una oreja.

Altuna, Eduardo. *Montes*

Eduardo Altuna es otro novillero de Tolosa, que no consiguió progresar en el mundillo taurino más allá de la plaza de toros de su pueblo, casi siempre en festejos benéficos.

Álzate, Adrián. *Guipuzcoano*

El banderillero, Adrián Álzate, tan bien conocido por el *Guipuzcoano,* sirvió a las ordenes de distintos matadores de segunda categoría la temporada de 1913 y siguientes. Al mismo tiempo, actuó de primer espada en diversos festejos, como, por ejemplo, con motivo de las fiestas de Irun de 1916.

Ansola, Pedro María. *Txe de Eibar*

Pedro María Ansola (Eibar) realizó el paseo de ordenanza en la plaza de su municipio, el 29 de junio de 1948, junto a Vicente Munilla *"Esparterito Txiko".* El 29 de junio de 1954, le anunciaron para actuar en 'El Txofre'. Con posterioridad, estuvo implicado en la organización de festejos en Eibar, en colaboración con la Peña Taurina de la localidad. En esta misma época le dedicaron un pasodoble.

Argote, Ramón

Ramón Argote es otro de los incontables aficionados guipuzcoanos que, al menos, entre los ciclos de 1927 y 1931, pasaportó diversas becerradas populares en Tolosa, de donde se supone era natural.

Arizmendi, Antonio

Antonio Arizmendi, picador de ganado bravo de profesión, actuó en el coso de Pamplona la temporada de 1856, a las órdenes de Manuel Egaña, lo que nos permite deducir que era guipuzcoano.

Arizmendi, Gaspar

Gaspar Arizmendi, se supone que era hermano de Antonio. Los días 25 y 26 de junio de 1856 picó a caballo en Azpeitia el lote de toros que correspondió al durangués, Domingo Mendíbil.

Arregui, José

José Arregui, lidiador muy probablemente guipuzcoano. En la campaña de 1731 actuó en los *Sanfermines* de Pamplona a cambio de cien reales.

Arregui, Juan. *Guipuzcoano*

Juan Arregui (Tolosa), valeroso y simpático personaje, solo consiguió mostrar sus conocimientos acerca de la Lidia en algunos cosos de segundo y tercer orden. Según José María de Cossío, el tolosarra no tuvo demasiada suerte ni tampoco las condiciones suficientes para sobresalir. No obstante, su nombre aparece con regularidad en las páginas de la revista 'Pan y Toros', donde recordaba a los empresarios que quisieran escriturarle, la dirección de su domicilio, en la calle Amor de Dios, nº 9.

Sin embargo, en los primeros meses de 1891, actuó de primer espada en La Habana (Cuba), donde el corresponsal de la revista 'El Toreo', escribió que su arte dejaba bastante que desear, *"...y Arregui, que le sobra de corazón lo que le falta de inteligencia, no se arredró y fue derecho a la fiera, a la que dio media estocada"*; aunque salió trompicado del encuentro, momento que aprovechó el burel para tirarle un derrote que le causó una profunda herida en la barbilla.

El 20 de marzo de un año después, le anunciaron en Madrid, teatro taurino en el que repitió actuación el 30 de diciembre de dos años después, *"con una temperatura muy parecida a la de Siberia, y un vientecillo incomodo y fresco".* Esa tarde trabajó de ayudante de su paisano Luis Ramírez, también apodado *Guipuzcoano.*[lxxiii] Con la llegada de los meses invernales retornó a los escenarios americanos.

No obstante, en los *Sanrokes debarras* de 1893, fue uno de los encargados de lidiar tres novillos navarros, en compañía de Luis Ramírez y *Cubanito*; trabajo por el que fueron premiados *"con billetes de 25 y 50 pesetas".* El festejo lo presidió el alcalde de la villa, Juan José Treku, que había invitado a la encerrona, *"a los senadores y diputados a presenciarlos desde el balcón de la Casa Consistorial".* A la par, el año siguiente toreó las novilladas de las fiestas de San Bartolomé, en Elgoibar.

En el curso de 1895, *el Guipuzcoano* compareció en las arenas de Tolosa, donde resultó, *"cogido, volteado, recogido y campaneado de pitón a pitón, resultando afortunadamente, sin herida alguna".* En cualquier caso, solo necesitó media estocada para finiquitar la faena, en contrapartida de los muchos aplausos que le dedicaron y *"un obsequio de 100 pesetas",* de acuerdo con la reseña de 'El Enano'.

Dos años después, la revista 'Pan y Toros' resumía las circunstancias precisas que había sufrido el espada tolosano a la vuelta de uno de sus viajes allende los mares:

"Restablecido por completo de la grave cogida que sufrió toreando en Chihuahua, ha regresado a Madrid el matador de novillos Juan Arregui El Guipuzcoano, después de brillante campaña taurina que ha sostenido estos dos últimos años en las principales Plazas de México. Una vez cumplidos los compromisos adquiridos con varias empresas de la Península y de Francia, para la próxima temporada, volverá a la República mexicana".

A su regreso de América, actuó en una novillada benéfica en Vitoria-Gasteiz, tarde que colocó un par de rehiletes cortos al quiebro, que previamente había brindado a un grupo de soldados que se sentaban en un palco. El mes de agosto toreó en Zaragoza un encierro de Beriaín. Cuando se cortó la coleta se afincó en México Méjico, en donde ya residía los primeros meses de 1900.

Astigarraba, Cirilo. *Carnicerito de Azpeitia*

El nombre de Cirilo Astigarraba Amenábar (Azpeitia, 1915), en ocasiones también apodado, *Niño del Matadero*, quedó impreso en los carteles desde edad muy temprana. Así, en el curso de 1932, debutó vestido de luces en las arenas de su pueblo, actuación a la que siguieron otras visitas a las "ferias" de Zestoa, Tolosa, Urretxu, Mutriku, San Sebastián, Sara (Francia)...

El *Carnicerito de Azpeitia* reapareció el curso de 1944, para despachar una novillada en el ruedo azpeitarra junto a los bilbaínos, Fernando Sesma y *Morenito de Zabala*. Los primeros días de septiembre de 1946, cosechó un triunfo sonado en Zestoa (Junto al riojano Pepe Illera *El Conde*, estoqueó cuatro bureles de Pérez Tabernero), tarde que le premiaron con dos orejas y la salida a hombros hasta el hotel Alkorta. Esa misma temporada llenó hasta la bandera la plaza de Azpeitia, vestido de esmeralda y oro, y envuelto en un capote de paseo que había pertenecido a *Chicuelo*. De nuevo, se registró una comparecencia en el redondel de su pueblo, el 7 de septiembre de 1947. Y, este mismo año, en 'El Txofre', a beneficio de los damnificados de Cádiz.

En esos mismos tiempos actuó en Tolosa en diversas ocasiones. Finalmente, el 28 de septiembre de 1958, se cortó la coleta en Azpeitia (*Morenito de Talavera* y Joselito Morán *Facultades*, con ganado de Fuentespino). Aquella última tarde fue premiado con dos orejas, un rabo, y unos versos que le dedicó el *berztolari* Uztapide.

Pedro Basáuri *Pedrucho* con Eduardo Atxa *Atxita*, Celso Sáez *Armerito* y su hermano Iluminado Sáez *Iluminadito,* todos ellos eibarreses.[lxxiv]

Atxa, Eduardo. *Atxita*

Eduardo Atxa (Eibar), miembro de una conocida familia de pelotaris, fue otro novillero de trayectoria humilde, a quien se señalaba como mayor virtud su seguridad manejando la tizona. En la temporada de 1914, apareció en un festejo de noveles en Eibar (Celso Sáez *Armerito,* Darío Ibarlucea *Chico de Atxuri* y José Lerín *Muchacho,* a quienes representaba, Bartolomé Gorratxategui).

En el curso de 1917, la empresa eibarresa, bajo la denominación *Gorrotxategui y Compañía,* contrató a Eduardo para estoquear tres novilladas el mes de marzo. Una de esas tardes se enfrentó a un encierro salmantino, en unión de *Nacional* y Manolo Sagasti. Ese mismo año ajustó actuaciones en los ruedos de Indautxu, Zumaia, Azpeitia, Urrretxu... Del mismo modo, los días 25 y 26 de julio de 1918, le contrataron en Sopuerta, y en Deba, el 16 de agosto.

Antes de abrir la temporada de 1919, el corresponsal del diario 'La Información', hacia referencia a la programación del coso de Eibar, en la que estaba previsto correrse una novillada en mayo, y tres el mes de junio, para las que se contaba con los principiantes, *Nacional,*

Tuñón, Atxita y Pedrucho. El 19 de junio, *Atxita* acudió a los ruedos de Zumaia y Ampuero. Años después, ejercería de empresario de la plaza de su pueblo, y así aparece reflejado en 'El Cossío'.[lxxv]

Azkona, Ángel

Ángel Azkona Uribarrena era hijo de un ex alcalde de San Sebastián además de periodista de profesión. Ejerció de corresponsal del 'Diario ABC' en Gipuzkoa. En sus años juveniles había practicado varios deportes, llegando a ostentar el título de Campeón de España de hockey sobre hierba. Al mismo tiempo formó parte de la selección española correspondiente. Falleció en el mes de julio de 1964.

Ángel Azkona debió ser un personaje muy popular en Donostia, pues actuó de primer espada en varios festivales taurinos promovidos por las sociedades de La Unión Artesana y Euskal Billera, en 'El Txofre', entre los cursos de 1930 y 1947, tardes en las que cosechó algunos éxitos en los festivales. Este diestro aficionado acudió al ruedo de Tolosa el mes de septiembre de varios años más tarde, para intervenir en una becerrada a beneficio de la Cruz Roja.

Azurmendi, Juan. *Esparterillo*

Juan Azurmendi fue uno de los espadas que, en el curso de 1916, apareció junto a otros dos aspirantes dispuestos a despachar un festejo taurino en la plaza de toros de Irun.

B

Litografías de Martintxo. [lxxvi]

"Su excesivo valor, que podríamos llamar bárbara temeridad, le hizo intentar y ejecutar suertes hasta entonces nunca vistas, como la de saltar con los pies atados, desde lo alto de una mesa, por encima de un toro, y sentarse delante de este, después de haberle tendido capeándolo"

José Sánchez de Neira.

Barkaiztegi, Martín. *Martintxo*

Martín Barkaiztegi (Oiartzun, ¿1740?- Deba, 1800) se cree que falleció en Deba como consecuencia de unas "calenturas". Sin embargo, hay quien afirma que el óbito tuvo lugar debido a una enfermedad hepática.

En sus comparecencias en los ruedos, *Martintxo* mostraba un valor tan imperturbable que rayaba con la temeridad, de manera especial cuando ejecutaba algunas *"suertes hasta entonces nunca vistas"*; entre las que ~~se~~ sobresalía el *lance a la Navarra*, del que ~~a~~ algunos recocidos revisteros le atribuyen su invención. En cualquier caso, con posterioridad, fueron innumerables los colegas de oficio que trataron de imitar el salto de Martín Barkaiztegi subido a una mesa. Esta suerte requería se colocase una mesa a unos seis metros de distancia de los chiqueros, previa sujeción del los pies con un pañuelo, en lugar de los grilletes que originariamente utilizaba el diestro vasco.

Todos los méritos anteriores le permitieron gozar de una popularidad tan grande que se cree le permitió confraternizar con Francisco de Goya, quien supuestamente le habría inmortalizado en cinco aguafuertes. Si bien, parece demostrado que en esta misma época existían otros dos estoqueadores que utilizaban el apodo *Martintxo,* Antonio Ebassum y Martín Ebassum, padre e hijo, ambos naturales de Ejea de los Caballeros. (provincia de Zaragoza).
Todos los historiadores taurinos, sin excepción, han dedicado muchas páginas a relatar las hazañas protagonizadas por *Martintxo.* En cualquier caso, en los últimos tiempos, existe una discusión abierta que pretende discernir cuál de los anteriores espadas fue el modelo del insigne artista aragonés. En los últimos años, y como no podía ser de otra manera, algunos expertos en tauromaquia aragonesa, se han decantado por los ejeanos. A pesar de que José Sánchez de Neira, en su libro acerca de la historia del toreo, redactado a finales del siglo XIX, asegura que fue Martín Barkaiztegi el amigo del colosal pintor aragonés: *"Vivieron juntos, viajaron juntos, y unidos torearon alguna vez".*

Litografía de Martintxo

Por su parte, José María de Cossío, en su monumental enciclopedia taurina, afirma que es el *"Lidiador guipuzcoano, a quien tradicionalmente se le venía teniendo por el Martintxo de los aguafuertes de Goya"*. Se trata de una opinión que previamente ya había refrendado Nicolás Fernández de Moratín, en su folleto, *'El pro y el contra de las corridas de Toros y en Carta Histórica de los Toros'*, quien asegura que, cuando falleció José Leguregui, *El Pamplonés*, *Martintxo* extendió su radio de acción a las plazas castellanas, y que había oído relatar que mantuvo una buena relación de amistad con el pintor baturro, a quien habría dado lecciones de tauromaquia.

En cualquier caso, el torero de Oiartzun aprendió a sortear reses bravas en sus años jóvenes, mientras trabajaba de pastor en la ganadería del hacendado de Tudela, Ambrosio Mendialdua, donde conoció a José Leguregui *El Pamplonés* -discípulo de Pascual Zaracondegui-, quien le integró en su cuadrilla, en la que alternó con Apiñan, Lobera, Garcerán..., entre los años de 1778 y 1785.

Unos años después, un ex picador y coleccionista de fetiches taurinos, José Bayard Cortés *Badila,* mostraba en su museo particular un estoque de *Martintxo,* referenciado el año de 1789.

Bartolomé, Tomás

Tomás Bartolomé fue un espada *amateur,* presumiblemente originario de Tolosa, plaza en la que se registran algunas actuaciones suyas, entre los ciclos de 1928 y 1931, siempre con fines benéficos.

Bartolomé, Fernando

Al igual que su hermano, Fernando fue otro aficionado, proactivo que vistió de luces en la década de los años veinte y treinta del siglo pasado.

Basáuri, Martín. *Pedrucho II*

Martín Basáuri Paguaga, *Pedrucho de Eibar II* (Barcelona, 1898-Marsella, 1925). Hasta su desaparición del mundo de los vivos, solo protagonizó algunas novilladas menores en plazas de la región catalana y alredededores.

En compañía de su hermano, Pedro, actuó en el coso de Eibar, tarde que se encargó de dar muerte el cuarto burel del encierro, al que seccionó un trofeo. Para su desgracia, el 17 de mayo de 1925, sufrió una cornada mortal en Marsella, justo en el mitad del corazón, cuando intentaba colocar un par de rehiletes al quiebro; La cogida fue irreversible, y le causó la muerte instantánea. La revista 'El Toreo' relató de manera telegráfica los pormenores del suceso:

"Pedrucho II, muy valiente. Escuchó grandes ovaciones. Fue cogido por el tercer toro y zarandeado espantosamente. Aunque sus compañeros acudieron rápidos al quite, Pedrucho II no pudo ser salvado. Trasladado a la enfermería se vio que por desgracia los éxitos de la ciencia eran ya inútiles. La cogida, por lo emocionante, ha producido entre los aficionados franceses dolorosísima impresión. Era un torerito compuesto que no había tenido gran suerte en su profesión.[lxxvii]

Fotografía de Pedrucho.lxxviii

Basáuri, Pedro. *Pedrucho de Eibar*

Pedro Basáuri Paguaga (Eibar, 1893- Barcelona, 1973) residía en la ciudad Condal desde los cinco años de edad junto a su padre, Emeterio, maestro armero de profesión, quien prestaba sus servicios profesionales a la sociedad *Schilling & Paguaga*, de la que era socio industrial un tío del diestro, en calidad de encargado de la fabricación. En esta factoría realizó sus primeras prácticas laborales el propio *Pedrucho*.

Y fue en la ciudad barcelonesa donde transcurrió la mayor parte de la trayectoria taurina de este diestro, así como su corta trayectoria de actor de cine mudo. Pedro fue uno de los discípulos más destacados de la Agrupación Taurina Jaquetón, escuela de tauromaquia a la que acudía a diario a aprender a torear de salón.

La primera aparición de Pedro Basáuri en los redondeles, tuvo como escenario al coso de La Barceloneta, con motivo de un espectáculo cómico-taurino en la que apareció sobre la arena disfrazado de indio. Solo tuvo que esperar al mes de septiembre de 1910 para vestir su primer traje de luces en Eibar –de sobresaliente- (Celso Sáez *Armerito* e Iluminado Sáez *Iluminadito*).

En 1914, se presentó en el ruedo barcelonés de Las Arenas (Cereceda y Pacheco). En el mismo recinto, el 1 de octubre de 1916, pasaportó dos festejos con lanceros (Rafael Toboso), en los que sorprendió gratamente a la crítica especializada. Ambas tardes cosechó los máximos honores junto a sus correspondientes salidas a hombros.

Pedrucho, el 15 de septiembre de 1918, debutó en 'el Txofre', y la temporada siguiente en la plaza de Bilbao. En julio de 1920, le anunciaron en Madrid; plaza a la que llegó avalado por un triunfo previo en La Maestranza, donde había finiquitado una novillada de Miura. En noviembre de 1922, firmó una nueva y sobresaliente actuación en la Monumental barcelonesa. Finalmente, el 2 de septiembre de 1923, el diestro *eibartarra* recibió el doctorado en tauromaquia en San Sebastián, de manos de *Saleri II*. Ya en el escalafón superior visitó el ruedo de Azpeitia, los días 31 de julio y 1 de agosto.

En sus años de mayor popularidad, el torero de Eibar comenzó a mostrar sus condiciones de actor de cine mudo. Su fama traspasó la frontera francesa, país en el que protagonizó varios filmes dirigidos por Henry Voisin: "*Pobres niños*" (1921), "*Militona*", o "*La Tragedia de un Torero*" (1922), y la película biográfica, "*Pedrucho*" (1923). Algunas de estas películas fueron los primeras de temática taurina que se rodaron en España con un torero de primer galán.[lxxix]

En 1924, el diestro guipuzcoano realizó diversas excursiones a las exóticas plazas del norte de África y Europa, entre las que se encontraban las de El Cairo, Roma, Cagliari y Budapest. Pero, como no conseguía ver su nombre impreso en los carteles de las ferias más señeras, en el invierno de 1925 viajó a los cosos de ultramar donde permaneció durante quince meses consecutivos. En septiembre de 1927 confirmó la alternativa en Madrid. En el ciclo de 1929, sufrió una gravísima cornada cuando participaba en un festival a favor de la familia de su hermano Martín.

El 25 de mayo de 1930, Basáuri se enfrentó en solitario a seis bureles de Nadín en el principal recinto taurino de la ciudad barcelonesa. Cuentan las crónicas periodísticas que esa tarde había más espectadores en el anfiteatro taurino que en las gradas del estadio de Las Corts presenciando la final de la Copa del Rey de fútbol, entre el Barça y Athletic de Bilbao.

Durante los meses de la Guerra Civil, *Pedrucho de Eibar* actuó en los principales circos taurinos mediterráneos bajo control republicano, incluido en el multitudinario festival patriótico que reabrió el principal coliseo de Barcelona y que presidió el presidente de la Generalitat, Lluís Companys.

Al final, en septiembre de 1939, el torero eibarrés se cortó la coleta (Jaime Noáin y Julio Mendoza). Con posterioridad, promovió una escuela de Tauromaquia en la capital catalana de la que surgió Joaquín Bernardó. A la vez, en estos últimos años, regentaba una céntrica pastelería barcelonesa. Cuando falleció Pedro Basáuri, su familia donó algunas de sus pertenencias al asilo San Andrés de Eibar, entre los que se encontraba su escopeta de caza, que posteriormente se exhibía en el Museo de la Industria Armera.

Baz, Irineo. *El Charro*

El Charro era el alias taurino correspondiente al novillero Irineo Baz Benito (La Encina. Salamanca, 1946-San Sebastián, 2010). Demostró bien a las claras de dónde provenían sus raíces taurinas, a pesar de haber residido la mayor parte de su vida en el barrio donostiarra de Egia.

Una de las hazañas más sonadas de este aspirante la protagonizó una madrugada del mes de julio de 1969, ocasión en la que acompañado de otro colega de ilusiones, Javier Muñoz *El Helicóptero*, se adentró en los corrales de 'El Txofre' para estoquear, a la luz de la luna, un novillo de la ganadería de Ceballos, que estaba previsto se corriese la tarde siguiente, en el mismo escenario. Desafortunadamente, "su hazaña" solo les sirvió para dormir varias noches en los calabozos de Martutene.

Por suerte, el anterior contratiempo no impidió   que el espada afincado en Donostia   continuase aspirando a convertirse en matador. Así, el sábado 15 de agosto de 1970, participó en una novillada nocturna -Sexto Grandioso Concurso de Noveles *"Esperanza 70"*-, patrocinada por Solidaridad Nacional, en Las Arenas de Barcelona.

El ciclo de 1973, aún en el escalafón novilleril, su nombre apareció junto a varios diestros de campanillas a quienes contrataron para participar en el último festival taurino celebrado en 'El Txofre'. Igualmente, acudió con cierta regularidad a los escenarios de Eibar, Deba, Azpeitia..., entre las temporadas de 1973 y 1976.

En el mes de septiembre de 1975, consiguió presentarse en Las Ventas; plaza en la que confirmó la alternativa dos años después. Una vez en la máxima categoría profesional, solo consiguió protagonizar cuatro corridas de toros en una misma temporada, a partir de su doctorado el mes de junio de 1976, en Logroño.

Beldarrain, José Antonio

José Antonio Beldarrain es otro de los absorbentes tolosanos que mantuvo viva la tradición local de torear ganado bravo en su localidad natal, entre los años sesenta y ochenta, en los que, al menos, sumó ocho funciones.

El *Chico de Deba* , a la derecha, antes del paseíllo.[lxxx]

Benéitez, Jaime. *El Chico de Deba*

Jaime Benítez *Niño de Deba,* o *El Chico de Deba* (Vitoria), fue un modesto becerrista local que se inició en la aventura del toro con una participación en las tradicionales *"corridas de los marineros"* de su pueblo de residencia. Su primer enfrentamiento con una vaca brava ocurrió en Artajona. Su debut vestido de luces en un festejo de noveles fue en Eibar. En su historial destacan las dos orejas que consiguió en el ruedo de Deba, con motivo de las fiestas de la Virgen de 1953- con ganado de Erostarbe-, en una accidentada tarde en que uno de los bureles hirió de gravedad a Ramón Edo, a quien fue necesario evacuar a la clínica de Nuestra Señora de Aránzazu, donde el doctor Ayestarán le operó una grave cornada en el triangulo de escarpa. La temporada de 1955, Beneitez retornó para torear en las fiestas *debarras y de* Azkoitia, el 15 de agosto de un año después. Con posterioridad, y durante veinticinco años seguidos, colaboró con el ayuntamiento en la organización de los festejos taurinos de San Roque.

Beneitez llegó de niño a Deba, con sus padres, dueños de la tintorería *'Los Mil Colores'* en la Plaza Vieja. Inicialmente realizó sus primeros pinitos deportivos como portero del equipo de futbol local, Hamaika-Bat, tal como subrayó José Ramón Beitia.[lxxxi]

Bermejo, José

El nombre de José Bermejo Berasategui (Bergara, 1910), en los años treinta aparece ejerciendo de banderillero en la plaza madrileña de la Ciudad Lineal, a las ordenes de Luís Gómez *El Estudiante*. En los años posteriores, y hasta 1936, perteneció a las cuadrillas de Curro y Antonio Caro. En mayo de 1943, resultó cogido de cierta consideración en Alicante.

Bizkarrondo

Entre las escasas noticias que se tienen acerca de este desconocido practicante del arte de *Cúchares*, apellidado Bizkarrondo, se tiene noticias que el 25 de agosto de 1902, toreó en la plaza de Atotxa, de donde se deduce su origen.

C

Cabezón, Manuel

Entre los empleados al servicio de la plaza de toros donostiarra, la temporada de 1947, se encontraba, Manuel Cabezón (Bilbao, 1890), quien en sus años juveniles pretendió ejercer de picador de toros. Y, a tal efecto, debutó montado a caballo en la plaza de San Sebastián, el mes de agosto de 1924

Aunque no le iban las cosas nada mal, en los *Sanjuanes* de 1927, en Tolosa, un burel de Moreno Santamaría le fracturó el brazo izquierdo y le dejó inútil para trabajar de caballista. Coincidiendo con la corrida de la Asociación de la Prensa de 1927, a la que acudió el Rey Alfonso XIII, se realizó un colecta popular en su favor (Simao Veiga rejoneó dos bureles del duque de Tovar; y los coletudos, Marcial Lalanda,

Niño de la Palma y *Cagancho* se las entendieron con ganado bravo del Conde de la Corte).

En los años posteriores, el infortunado piquero, se dedicó al alquiler de vestidos de torear de segunda mano a toreros noveles donostiarras, hasta que consiguió el puesto de alguacilillo en 'El Txofre'.

Cacho, Fernando. *El Extremeño*

Fernando Cacho *El Extremeño* era natural de Badajoz, aunque residía en la Bella Easo desde temprana edad, en cuya plaza toreó en los años sesenta con cierta frecuencia, esencialmente en festivales benéficos, y en la parte seria del *Bombero Torero*.

En el verano de 1966, su nombre aparece en el cartel de una novillada celebrada en el coso mexicano de Monterrey. En el mes de julio del año siguiente se presentó, con motivo de una novillada nocturna para principiantes, en la Monumental madrileña. Unos días después estoqueó un novillo en la localidad zamorana de Toro, tarde que estaba anunciado de sobresaliente, con motivo de una corrida de toros. El mes de septiembre todavía protagonizó una novillada en Barcarrota (Badajoz).

Carral, Alejandro

Alejandro Carral (Eibar) fue un espada menor que solo consiguió pasaportar algunos festejos de tipo benéfico en el recinto taurino de su pueblo. A lo largo de varias décadas estuvo involucrado en la promoción de todo tipo de actividades taurinas, lo que permitió que la Banda Municipal de música le dedicase un pasodoble.

Castañón, Javier. *Llapisera*

Según quedó reflejado en un reportaje periodístico acerca de la tradición taurina de Eibar, realizado por la Comisión Taurina de esta localidad, Javier Castañón fue *"un gran intérprete del toreo cómico, que actuó de forma desinteresada en innumerables ocasiones, especialmente siempre que su pueblo se lo solicitó, primordialmente en los festivales benéficos en distintas localidades guipuzcoanas, promovidos por la Euskal Billera"*.

Castro, Demetrio

Demetrio Castro Martínez es uno de los tres aspirantes guipuzcoanos que vistió el traje de luces con motivo de un festejo de noveles, los primeros meses de 1916, en la plaza de toros de Irun. De igual manera, el curso de 1921, cortó un trofeo en un paseíllo compartido con *Pedrucho* y Domingo Uriarte *Rebonzanito* en 'El Txofre'. Unos años después, competía con Antonio Artetxe en el suministro de ganado fiero
para su corrida en los *sokamuturras* de las fiestas de las localidades forales.

*"**Nací** en San Sebastián, viví en Hernani y Urnieta y a los 16 años me fui a Salamanca para aprender en su escuela de tauromaquia». **Tengo** 27 años y vivo en Salamanca con mis padres». **El 11 de abril** tomé la alternativa como matador en Peñaranda de Bracamonte, Salamanca. Corté tres orejas». **Hasta** que pueda vivir del toreo trabajo en un matadero por las noches".*(Diario Vasco, 26 de abril de 2004)* [lxxxii]

Cobo, Iker

Iker Cobo Fernández (San Sebastián, 1981) es, actualmente, el único matador de toros guipuzcoano en activo. Aprendió las primeras enseñanzas acerca de la Lidia en la Escuela de la Peña Taurina 'La Paz' de Bidebieta. Posteriormente las puso en práctica en la plaza de tientas de un restaurante, con ganadería de Lastur. Estos mismos días asistió en directo, a los primeros festejos taurinos en los cosos de Gipuzkoa de la mano de su *aitona* salmantino, su introductor en los secretos de la Tauromaquia. Cuando cumplió 16 años se "matriculó" en la Escuela Taurina de Salamanca, provincia de la que procedía su familia. Así, vistió su primer traje de luces en el ruedo de carros de Villavestre, de la misma región ganadera. De la misma manera, el mes de agosto de 2007 se presentó con picadores en Vitigudino.

En las temporadas siguientes, sumó alrededor de cincuenta novilladas con picadores en escenarios de tanto fuste como las de Salamanca, Zaragoza, Carcassonne (Francia) -donde se midió a un lote de Miura- y Las Ventas, tarde en que resultó corneado. Hasta que el 11 de abril de 2009, consiguió el doctorado en tauromaquia en el coso de Peñaranda de Bracamonte (Salamanca), con Salvador Ruano, de padrino, y Juan Andrés González, de testigo. Aquí se enfrentó a un encierro de Sánchez Herrero, al que seccionó tres orejas. Una vez en el escalafón superior, se presentó en Illumbe.

Por desgracia, como los éxitos no le acababan de sonreír en los ruedos ibéricos con la frecuencia deseada, trasladó su residencia a Venezuela y allí torea con cierta frecuencia bajo la protección de la familia Quintero. Y es en los redondeles americanos donde está consiguiendo las oportunidades que se le niegan en su tierra, donde las últimas temporadas ha vivido con amargura su exclusión de la Semana Grande donostiarra.

Cruz, Manuel. *Morenito de Jaén*

Manuel Cruz Martínez nació en el barrio de Altza (San Sebastián, 1959), aunque cuando contaba 15 años de edad, retornó a Jaén, la ciudad originaria de sus padres, donde *Morenito* se adentró en el aprendizaje de la profesión de matador de toros. De manera que, después de pasaportar numerosas funciones menores en las plazas sureñas, en las que alcanzó un cierto reconocimiento popular, el 21 de abril de 1984, recibió la alternativa, de manos de Francisco Rivera *Paquirri,* con Luis Francisco Esplá de testigo. Tras varios años intentando hacerse un hueco en los carteles de mayor relumbrón, no tuvo más remedio que pasarse a las filas subalternas, donde ha consiguió el éxito que se le resistieron en sus años de primer espada.

Cuevas, José Carlos. *Joselito del Norte*

José Carlos Cuevas, *Joselito del Norte,* (Pasaia) era otra de las esperanzas de la afición guipuzcoana de los años treinta del siglo pasado, de acuerdo con la información que ofrecía el diario 'El Día'. Y en la plaza de su pueblo se registró una actuación, el mes de julio de 1934, junto a *Lagartijo*.

D

Alternativa de *El Trueno* en Alfaro. [lxxxiii]

Díaz, Oscar. *El Trueno*

Oscar Díaz-Moreno Úbeda *El Trueno* (San Sebastián, 1970) desde edad muy temprana residió en Santo Domingo de la Calzada. De todas las maneras, algunos especialistas taurinos sitúan su lugar de nacimiento en Aldeanueva del Ebro (La Rioja), en 1969.

Al parecer, *El Trueno* es hijo del también popular matador de toros navarro que utilizaba el mismo apodo. Después de varias temporadas visitando plazas de segunda categoría, Oscar Díaz recibió la alternativa en el ruedo de Alfaro (La Rioja), el mes de agosto de 1995, de manos de Ortega Cano y con Manuel Díaz *El Cordobés,* de testigo.

Donostiarra

Este aprendiz del arte del toreo, apodado *Donostiarra,* fue uno de los espadas a quien premiaron con un trofeo orejudo en Tolosa, en el curso de 1967, lo que le permitió que, un año más tarde, le volviesen a anunciar en el mismo escenario en un festejo de similares características.

E

Edo, Ramón

Ramón Edo Sangrador (Tolosa, 1928), persona amable y eficaz, se acabó convirtiendo en un influyente personalidad del círculo taurino, cuando colgó los trebejos de lidia. Inicialmente, ejerció de apoderado, entre otros de su casi paisano, José Manuel Intxausti *Tinin*. Asimismo, en 1986 se integró en la estructura organizativa de la plaza de toros de Las Ventas, que entonces dirigía Manolo *Chopera*. Posteriormente, y hasta 1991, ejerció de gerente de la plaza de Alicante. Unos cuantos años antes había intentado la aventura de convertirse en matador de toros. Según el la enciclopedia 'El Cossío', *"una vez aprendida la instrucción primaria, empezó a practicar el oficio de tornero, pero ya desde niño sintió un gran afición por las lides taurinas"*.[lxxxiv]

Aficionado práctico a los toros desde sus años juveniles, Ramón Edo fue sacado a hombros, por primea vez, con motivo de un festejo coincidente con los Carnavales de Tolosa de 1945. Unos meses más tarde estoqueó otros becerros en un espectáculo, impulsado por la sociedad Gure Txokoa, en idéntico escenario. A continuación pasaportó varias novilladas en otros cosos forales. En una de ellas, en el curso de 1948, le concedieron el trofeo *Oreja de Plata*. Este último año, se presentó en Donostia en una función de noveles. No obstante, fue en Tolosa donde compareció con mayor frecuencia los primeros años de su carrera. La misma temporada, Ramón acudió dos tardes a Eibar, en compañía de *Josemari* Rekondo.

Cuando las cosas comenzaron a irle mejor, trasladó su domicilio a Madrid para poder entrenarse con mayor frecuencia en las ganaderías de esta región. De manera que tras su debut con picadores en Tolosa, el 24 de junio de 1949, sumó 15 novilladas ese mismo curso. Esta misma temporada sufrió su bautismo de sangre en El Escorial. En la temporada de 1950, visitó el circo de Toro (Zamora) en el que fue premiado con dos trofeos. El año 1951 extendió su radio de acción a Carrión de los Condes, plaza en la que cosechó dos trofeos y una repetición. El año siguiente volvió a comparecer en su pueblo, en compañía de Antonio Ordóñez; espacio en el que repitió actuación en los *Sanjuanes* de 1952 y 1953 (Paco Corpas).

En la temporada de 1952 compareció en 'el Txofre', en dos ocasiones más: la primera tarde, junto a *Antoñete* y *Blanquito*, y la segunda en el mes de julio junto a Rekondo y *Morenito de Córdoba*. El 12 de julio resultó cogido por segunda vez, de gravedad en Medina de Rioseco, siendo ingresado en el Sanatorio de Toreros, que abandonó para reaparecer en San Sebastián. El 15 de agosto, le anunciaron en Las Arenas de Barcelona, (reses del Vizconde de Garcigrande: Joselito Álvarez y Antonio Duran).

La prometedora carrera del novillero *tolosarra*, le permitió acudir a la feria de Algeciras (Lupita Barroso, rejoneadora portuguesa, y Miguel Mateo *Miguelín*, con novillos de José Villar), el 9 de junio de 1953. Un mes más tarde, Ramón Edo se presentó en Las Ventas (*Gitanillo de Ricla* y Luis Francisco Peláez con toros de la Viuda de Calderón), con tan poco éxito que el revistero del ABC le aconsejaba *"que de seguir así mejor fichase por la Real Sociedad"*. [lxxxv] Desgraciadamente, unas días más tarde, volvió a sufrir una cornada grave en Deba (*Txikito de Deba*), en el triangulo de escarpa de la pierna izquierda, motivo por el que se acabaría cortando la coleta. El escritor Francisco Tuduri Esnal resumió su trayectoria:

"...es el tolosano que alcanzó más altas cotas en su carrera taurina pues llegó a tomar antigüedad de forma oficial, lo que significa haber toreado en la Plaza de Toros de las Ventas, y al que inoportunas cornadas le cerraron el paso de la alternativa". [lxxxvi]

Egaña, José Antonio[lxxxvii]

José Antonio Egaña Mortxón (Deba, 1944) es el último picador de toros bravos nacido en el País Vasco. Afincado desde hace varias décadas en Bilbao, el piquero guipuzcoano ha ejercido de ahormador de ganado bravo durante cuarenta temporadas consecutivas en numerosos cosos cercanos a la capital de Bizkaia y del suroeste francés. El caballero *debarra* se ocupaba con asiduidad de entrenar la cuadra equina que Pedro Pradera tenía alojada en la plaza bilbaína de Vista Alegre.

Tal vez, la afición taurina le llegase a Egaña a través de alguna recóndita raíz familiar. Incluso pudiera ocurrir que fuera uno de los lejanos descendientes del legendario torero de su mismo pueblo y apellido, porque fue en las cimas del monte Andutz donde José Antonio se adentró en los secretos de la lidia a caballo. Más exactamente en el caserío familiar, de nombre *Txapasta*, donde uno de sus abuelos se dedicaba a la cría de algunos toros y vacas de raza brava. Muchos años después, continúa pastando allí una punta de ganado fiero de origen Santacoloma, mezclados con otros autóctonos, de la tierra, o *Betizu*.

Egaña se presentó de picador de reses bravas, en la temporada de 1972, en una novillada celebrada en Vieux Boucau (Francia), en compañía de los novilleros, Víctor Mendes, Vicente Ruiz *El Soro* y Felipe González *Felinillo*. Aunque, tal vez, la etapa más exitosa de su carrera la cumpliese en la cuadrilla de Rafael de Paula, a cuyas órdenes trabajó seis temporadas consecutivas.

En la feria de Santander de 1997 le otorgaron el premio *"Al Mejor Puyazo"*.[lxxxviii]

Egaña, Manuel. *Eulia*

Una de las primeras referencias escritas acerca de la trayectoria taurina de Manuel Francisco Egaña Itziar, al que algunos eruditos locales apodan *Eulia* (Deba, 1820-1867), se remonta al año de 1848; ocasión en la que ejerció de subalterno, en un corrida de toros programada nada menos que en Bruselas, a las ordenes de los igualmente desconocidos lidiadores: Manuel Pérez y Miguel Sancho, a quienes anunciaron para estoquear varios bureles de Zalduendo, y uno de *"raza belga"*, tal como informó el diario España:

"la plaza que se ha erigido al efecto por el estilo de la de Barcelona. Según se afirma ha costado 19.000 duros", celebración que presidió, la serenísima infanta, hermana de nuestro rey que se halla actualmente en Bruselas".[lxxxix]

Según José María Busca Isusi, Manuel Egaña trabajaba indistintamente de subalterno y primer espada, en las plazas del norte peninsular y del suroeste francés, a las órdenes de distintos diestros de primera fila, entre los que Domingo Mendíbil, Julián Casas *Salamanquino* y Antonio Sánchez *El Tato* eran los más conocidos.

En las funciones celebradas en Tolosa, con motivo de las fiestas de San Juan de 1856, Egaña, ya con 36 años de edad, compareció en la cuadrilla del durangués Mendíbil, quien le cedió la muerte del cuarto ejemplar del encierro, al que se quitó de en medio *"de tres pases, de un mete y saca bajo a paso de banderillas, regalándole el toro a pesar de haberlo degollado"*, de acuerdo con la crónica aparecida en las paginas de 'El Enano'.[xc] Evidentemente, a estas alturas su carrera se supone ya había visto pasar sus aspiraciones de convertirse en un matador de primer nivel.

Otra actuación, del banderillero y espada de Deba, aconteció el 25 de septiembre en Pamplona, en la que debía contar con un gran cartel. Aquella tarde despachó a un novillo que había picado Antonio Arizmendi. Al año siguiente regresó al mismo escenario. En este caso se corrieron dos bureles embolados de Carriquirri, *"que fueron rejoneados a la indiana con trajes adecuados"*, y que posteriormente fueron muertos a estoque por el diestro de Deba. Este mismo ciclo, y mismo teatro, dirigió una función que protagonizaron varios noveles pamplonicas. Y una vez más, la temporada de 1860, acudió al coso navarro, integrado en la cuadrilla de *El Tato.* De la misma manera, Egaña participó en numerosas encerronas taurinas los cursos de 1858 y 1859.

Según el libro *"10 años de historia Taurina en Azpeitia",* en agosto de 1852, Egaña toreó en esta Villa *"con mucho acierto"*, a pesar de que unos días antes había resultado herido en Saint-Esprit, en las cercanías de Bayona, en la que compartió cuadrilla con su paisano José Ituarte. [xci] A este mismo redondel retornó los cursos de 1856 y 1858. Del mismo modo, la temporada de 1860, actuó de nuevo en varias plazas francesas (Bayona, Mont de Marsans, Dax...), formando parte de una cuadrilla de *Ecarteurs.*

En la corrida del 16 de agosto de 1861, toreó en San Sebastián, formando cuadrilla con *El Salamanquino*, en la que ejercía de tercer espada. Sin embargo, como a consecuencia de la cogida de su maestro, en compañía del segundo espada, José Ponce, tuvieron que pasaportar las ocho fieras anunciadas.

En las fiestas de Azpeitia de 1863, 1864, 1865 y 1867, se enfrentó a los encierros de Lastur y Basilio Fernández; circo taurino en el que ya había actuado de sobresaliente en el curso de 1861. En la temporada de 1864, Egaña compareció de sobresaliente en Donostia. A las ordenes del diestro de Deba, comenzó su carrera, Antonio Pérez

Ostión. De acuerdo con el criterio de Patxi Aldabaldetrecu, Manuel Egaña falleció en el hospital de Deba como *"consecuencia de una irritación interna".*[xcii]

Elorza

Elorza fue uno más de los numerosos espadas menores que intentó mostrar su arte en la plaza de Eibar, en los meses estivales de 1894.

Elósegui, Antxon. *Maderas*

El *tolosarra*, Antxon Elósegui estoqueó por primera vez un astado bravo en el curso de 1952, sin demasiada suerte, con motivo de un festival benéfico promovido por la Sociedad Euskal Billera, en 'El Txofre'. En la siguiente temporada volvió a comparecer en idéntica celebración taurina. Unos años más tarde sería una de las personas claves para impulsar la programación taurina de la plaza de toros de Tolosa, de acuerdo con el testimonio de Tuduri Esnal.

Esnaola, Manuel. *El Vascongado*

Entre las escasas referencias que se conocen acerca del banderillero guipuzcoano, Manuel Esnaola, se sabe que la temporada de 1883, junto a su hermano José, pisó el ruedo de Fuenterrabia, a las ordenes del bilbaíno, Bernardo Hierro en *"honor de su excelsa patrona la virgen de Guadalupe".*[xciii] Tres años después actuó en la cuadrilla de *Regaterín de Madrid*, en la plaza de toros de Irun.

Esnaola, José

Al igual que su hermano, Manuel, vistió de seda y plata para "banderillear y capear" algunos novillos del país, en algunos festejos de segundo orden en plazas de la provincia guipuzcoana, sin conseguir destacar.

España, Alejandro

No se conoce el lugar exacto de nacimiento de Alejandro España *Españita*, aunque su nombre aparece el mes de mayo de 1929, en una novillada de noveles en la plaza de Bilbao, promovida por Pagés. Un año más tarde, pisó las arenas de Zumaia para pasaportar un encierro de Lastur. De nuevo su nombre reaparece en las fiestas septembrinas de Ampuero del curso siguiente, y en el Valladolid, un año más tarde.

Etxaniz, Igor. *Kinttela*

El guipuzcoano, Igor Etxaniz *Kinttela* (Azpeitia, 1983) contó desde los primeros momentos de su carrera con la complicidad de un Club Taurino constituido en su localidad natal con su nombre, con el único objetivo de ayudarle a abrirse un hueco en la profesión de rejoneador.

Como segundo paso, y con tan solo 14 años de edad, su progenitor le matriculó en la *Escuela de Equitación y Rejoneo de Ricardo Murillo*, en Zafra (Badajoz), donde dio los primeros pasos en la doma de potros y aprendizaje de las técnicas del rejoneo. Enseñanzas que con posterioridad amplió en la finca de Sergio Domínguez, en Calahorra.

Cuando acababa de cumplir los 16 años de edad, el 24 de Julio de 1999, Etxaniz Kinttela debutó en Azpeitia, en la parte seria del espectáculo *"El Bombero Torero"*. Con posterioridad, le anunciarían para actuar en las plazas de toros de Gipúzkoa, Navarra (Pamplona, Andosilla, Bergara...), Bayona, Bilbao... Para su desgracia, después de pelear a lo largo de varias temporadas para intentar hacerse un hueco en el panorama taurino, muy desilusionado ante la escasez de medios y oportunidades para comprar más y mejores caballos, el mes de octubre de 2005, tomó la decisión irrenunciable de cortarse la coleta. En la actualidad, *Kinttela* se dedica, entre otras actividades relacionadas con su anterior profesión, a la doma de caballos y a ofrecer exhibiciones ecuestres.

Etxebarría, Félix

Félix Etxebarría compareció en Urretxu, el 26 de septiembre de 1909, para despachar una novillada sin picadores, sin que se conozcan más referencias taurófilas.

Etxebarría, José. *Bergarés*

Lidiador de a pie, José Etxebarría, mostró sus conocimientos en el ruedo pamplonés a cambio de 96 reales en el curso de 1766. Por su apodo se sobreentiende era de origen vergarés.

Etxebarría, Pedro

Este espada de desconocida trayectoria, realizó el paseíllo en Deba, el 16 de agosto de 1981.

G

Cogida de Cadenas en Madrid

Gallego, Antonio. *"Cadenas"*

Antonio Gallego Martín (Cádiz, 1889) fue un banderillero de cierto renombre, visitante habitual de 'El Txofre' de San Sebastián, ciudad en la que se acabó fijando su residencia. Según 'El Cossío', su mote parece deducirse de lo muy aficionado que era a lucir ostentosas cadenas de reloj y otros atavíos semejantes.[xciv] En su adolescencia ejerció de electricista, grabador en metales y dependiente de comercio. Se cuenta que era uno de los escasos, si no el último, miembro del planeta taurino que lucía una coleta de pelo natural; la cual se cortó en un festival celebrado en San Sebastián, el mes de agosto de 1952. Los años sucesivos, ejerció de asesor presidencial del coso taurino donostiarra. Entre las infaustas actuaciones de este subalterno, a las órdenes de Pepe Luis Vázquez, se encuentra su participación en la corrida celebrada en Las Ventas, el 20 de octubre de 1940, en honor del comandante de las SS, Heinrich Himmler. En 1926 había resultado elegido vocal de la Asociación Benéfica de Toreros.

Gallito de Eibar

Una las primeras y escasas actuaciones que se conocen del aprendiz de torero, *Gallito de Eibar*, se remonta a una becerrada de noveles protagonizada en Vitoria-Gasteiz, el mes de septiembre de 1965. Ya ocho años antes, había pasaportado otro festejo de similares características en Bilbao. En el ciclo de 1967, su nombre aún aparece tres tardes consecutivas en el redondel de Irun, ejerciendo de sobresaliente de espada, en otros tantos festejos mayores.

Gastañaga pasando de muleta al cuarto novillo en Deba, el 17 de agosto de 1913.[xcv]

Gastañaga, Julián

Julián Gastañaga es una más de las decenas de aspirantes a la gloria taurina que actuó en Deba coincidiendo con los *Sanrokes* de 1913. Esa tarde, la crítica especializada tildó su actuación de, *"regular con la capa y muleta, y mal con el estoque"*. Unos meses antes era uno de los torerillos que frecuentaba la madrileña *Escuela Taurina de la Ciudad Lineal*, donde ponía tanto empeño en aprender el oficio taurino, que un día sufrió una cogida que le produjo la rotura del maxilar inferior. Dos años después toreó una novillada en Bilbao, lo que induce a pesar que fuera nacido en aquella Villa.

Gerriko, Xabier de

Solo se conoce que Xabier de Guerriko, espada local, pisó el ruedo de Azpeitia en los festejos taurinos promovidos con motivo de la festividad de San Ignacio, en 1798.

González, Basilio. *El Sastre*

Basilio González (Azkoitia, 1828-Madrid, 1864) fue un espada de segundo nivel que falleció en el hospital la Princesa de Madrid, el 19 de septiembre de 1864, a los 36 años de edad, soltero, y aquejado de una gastro-hepatitis crónica, o *"irritación en el estomago e hígado"*, tras cinco días de hospitalización. Se especuló con que, tal vez, el motivo de la defunción fuesen los golpes que había recibido en La Puebla de Montalván (Toledo), unos días antes.

El Sastre se había presentado en la plaza de Madrid en el curso de 1851, en una de las clásicas novilladas de invierno. Con posterioridad, volvió a comparecer en el coso de la calle de Alcalá, al frente de una función de aficionados; redondel en el que repitió actuación la temporada siguiente. En los cursos de 1861, 1862 y 1863, dirigió la lidia de varias funciones de noveles en la misma plaza capitalina. El último ejercicio fue ajustado para trastear tres tardes consecutivas en Nimes. El mismo curso se verificó una corrida de novillos en la plaza de Fuencarral, que fueron, *"capeados, banderilleados y estoqueaos con superior permiso"* por el diestro azcoitiano. Dos años después acudió a Figueras, para enfrentarse a un encierro de Borda.

Una reseña aparecida en las páginas del 'Boletín de Loterías y Toros' resumió con claridad la personalidad de este matador:

"Basilio González es valiente, pero carece de arte bastante en la mano izquierda, y sin duda por falta de facultades físicas o por embraguetarse demasiado, casi siempre es cogido asustándonos en cada momento. Esperamos verle en más corridas este año para juzgarle con más acierto; por lo demás hoy se nos antoja que está, poco más o menos, lo mismo que en los años anteriores". [xcvi]

González, Santi. *Morenito del Boulevard*

Santiago González fue otro de los numerosos jóvenes donostiarras que en sus años juveniles soñó con doctorarse en tauromaquia, de manera que en numerosas ocasiones compareció de estoqueador en los festivales taurinos que promovía la Sociedad Euskal Billera en el redondel easonense; así como en otros festejos de noveles, entre los años cincuenta y sesenta. Todavía, el mes de septiembre de 1972, en compañía de *El Gran Babali*, y otros dos humildes aspirantes, protagonizó uno de los últimos festejos populares promovidos en 'El Txofre' antes de su clausura.

Una vez que se derribó la anterior plaza de toros, y coincidiendo con la Semana Grande de 1974, se montó un coso taurino portátil en el barrio del Antiguo, en el que se programó un festejo taurino con la participación de varios noveles locales (Alfonso Galán, Santiago Mayor *El de la Cepa* y *Morenito del Boulevard)*.

Goñi, Miguel

Entre los escasos datos que se disponen acerca del donostiarra, Miguel Goñi, se sabe que participó en las corridas pamplonicas de 1832.

Cuadrilla Juvenil eibarresa.[xcvii]

Gorrotxategi, Bartolomé. Plantillerito.

Bartolomé Gorrotxategui fue un novillero eibarrés de sencilla trayectoria taurina que actuó en los ruedos a la vera de *Pedrucho*. En una de sus primeras apariciones compartió paseíllo con otros cuantos aspirantes eibarreses, los primeros días de julio de 1913, en el ruedo de pueblo. Fueron los encargados de estoquear un encierro de novillos navarros (*Iluminadito, Armerito, Atxita* y *Chico de la Guayabera*); siendo como eran todavía un grupo de espadas noveles que al finalizar la temporada, aparecieron fotografiados en la revista 'Palmas y Pitos', donde se les presentaba como miembros de una Cuadrilla Juvenil eibarresa, que lideraban *Plantillerito y Atxita*.

La temporada de 1915, *Plantillerito* capitaneó de nuevo el grupo de toreros locales en la plaza de toros de la misma localidad. Estos mismos años actuó de primer matador en las fiestas de Elgoibar. Con posterioridad, ejerció de apoderado de varios novilleros locales.

Gorrotxategi, José María

José María Gorrotxategi fue otro más de los novilleros aficionados de Tolosa, donde en el ciclo taurino de 1948, participó en un festival a favor del Asilo de Niños de las Siervas de Jesús.

Granja, Julio

Julio Granja debió ser un prohombre de medios económicos, tal vez nacido en Irun. Precisamente, en esta ciudad fronteriza promovió un festival taurino en 1913 en el que participó como primer espada, con objeto de recaudar fondos para sufragar el mantenimiento del Hospital *irundarra*.

I

Ibaceta

Un encierro de Lastur sirvió de prueba a J.C. Ibaceta para mostrar sus conocimientos taurinos prácticos en el coso de Atotxa, el 16 de agosto de 1876, sin que se tengan noticias de otras hazañas.

Ibargoitia, Francisco

Francisco Ibargoitia fue uno de los lidiadores guipuzcoanos, inventariado por Luis del Campo, que al parecer actuó con cierta regularidad en el ruedo de Pamplona, entre los años de 1767 y 1775. Debía contar con un sólido prestigio debido a los altos honorarios que percibía por sus intervenciones.

Ibarrolaburu, José

José Ibarrolaburu fue un lidiador guipuzcoano, de humilde trayectoria, que actuó en el coso pamplonés con motivo de los *Sanfermines* de 1712.

Idiákez, Alonso de

El vascólogo, Juan Ramón de Urquijo, descubrió un dato muy preciso acerca de la celebración de un espectáculo taurino en la plaza de San Antón, en Bilbao, a finales del siglo XVII, en el que tuvo un gran protagonismo el caballero guipuzcoano, Alonso de Idiákez para conmemorar una de las principales festividades religiosas de la Villa de Don Diego. Como era tradicional, el rejoneador contó con la colaboración de una elegante cuadrilla de auxiliares.

De la misma manera, el escritor, José María Busca Isusi dejó inventariada una actuación de este mismo hidalgo en la plaza de Azkoitia, para ensalzar las fiestas de canonización de San Ignacio, en 1622. Muchos años más tarde, esta misma actuación en el cuadrilátero taurino, la ratificó el intelectual Alfredo de Lafitte y

Obineta, en un discurso dirigido a enaltecer las fiestas euskaras de la misma localidad. Esa tarde actuó montado a caballo, acompañado por Pedro de Zuazola:

"A la tarde se corrieron algunos toros buenos, y después como se acostumbraba, salieron dos cuadrillas de a caballo, la una de D. Alonso de Idiákez con libreas, el capillar azul y la marlota dorada guarnecida con flores y franjas de plata; la otra de D. Pedro de Zuazola, sus colores eran amarillo y verde y la guarnición de plata. Hízose una famosa entrada llevando delante diez caballos enjaezado lucidamente con adargas colgadas de los arrones y pos de ellos las trompetas y atabales que hicieron cuatro parejas a caballo con sus libreas en forma de práctica; luego los caballeros comenzaron a entrar corriendo con sus lanzas y banderillas. Otras carreras se dieron atravesando la plaza y antes de jugar las cañas hicieron su rodeo y desafío amenazándose ambas cuadrillas, y luego se tiraron las cañas corriendo de dos en dos en cuatro a cuatro, estando en esto soltaron un toro que les metió en paz, pero dio ocasión a que todos le rodeasen haciendo suertes con las cañas, por remate se hizo un caracol con mucho compas y gallardía, que pareció muy bien, el cual guiaba D. Alonso de Idiákez".

La segunda tarde volvió a comparecer en el escenario público Idiákez, a quien se tenía por el alma mater de estas celebraciones festivas:

"...salió a rejonear, y muy a lo práctico sacó cuatro lacayos con lúcida librea de plata sobre azul y rodeo la plaza con buen donaire, cortés y grave; quebró seis rejones en tres toros con lindo brío y resolución muy cerca de los cuernos todos y muda a cuatro caballos lucidos y diestros; remata la fiesta de esta tarde con muy lindas carreras que dio a los balcones y ventanas con un caballo rucio de hermoso talle y buenas obras"[xcviii]

Illaregui, Nemesio

Nemesio Illaregui es otro de los aspirantes donostiarras a estoqueador, a quien se registra un actuación en el coso de Atotxa, en el mes de septiembre de 1876, junto al durangués José Elkorobarrutia, para estoquear una novillada de Mazpule.

Iraola, Eustaquio

Eustaquio Iraola es uno de los espadas aficionados guipuzcoanos que pisó 'El Txofre' en las primeras décadas del siglo XX, en algunas ocasiones para despachar alguna becerrada promovida por él mismo. En el curso de 1921, intervino en un festejo organizado por la Sociedad Euskal Billera, en el que toreó montado a caballo.

Este, ex concejal del ayuntamiento donostiarra, entre 1918 y 1922, con anterioridad presidente del Gremio de Carniceros, tenía una personalidad muy peculiar, que, muchos años después, resumió Tuduri Esnal: *"Era extremadamente popular y solía organizar novilladas y otros festejos, en algunos de los cuales, actuaba como espada, incluso de rejoneador"*. [xcix]Unos años más tarde, Iraola ejercía de patrón de la trainera de Fuenterrabía, Santo Tomás.

Iraola, Juan Bautista

Juan Bautista Iraola es uno de los diestros locales más antiguos de quien se tiene noticias, pues acudía con frecuencia a torear en las plazas navarras, a finales del siglo dieciocho.

Iriarte, Miguel Ángel. *Miguelito Sarralle*

Miguel Iriarte *Miguelito Sarralle* (Azpeitia) fue uno de los aspirantes locales a matador de toros, a quien se etiquetaba de valeroso. Ya muy veterano, participó en el homenaje popular que se rindió a *Santi el de la Cepa* en la plaza de Azpeitia a finales de 1991. La mayor parte de su trayectoria se reduce a participar en festivales caritativos; entre los que se encontraban los promovidos en Zestoa, a favor de ASPACE, en 1979; y de las Ikastolas, en su pueblo. Todavía la temporada de 1985, intervino en un festival promocional que sirvió para presentar la Escuela Taurina de Navarra (reses de Martín Zalduendo) en Azpeitía.

Ituarte, Antonio Tomás. *Zapaterillo de Deba*

Antonio Tomás Ituarte Aristondo (Deba, 1780- 1872), según algunos tratadistas locales, falleció a la edad de noventa y dos años víctima de la *"enfermedad de la vejez"*.

Se conoce que en el ciclo de 1804, intervino en las corridas de Pamplona; escenario que volvió a visitar las temporadas de 1817, 1818 y 1820, con el rango de banderillero. De igual forma, según las referencias tomadas de Iñaki Azkune,[c] el curso de 1816 actuó en la plaza de San Francisco de Bérmeo; tarde que tuvo una actuación tan destacada que le dedicaron una copla: *"Ituarte es un torero de más valor y más arte que Romero..."* .

Tanto, Antonio Ituarte como José Ventura Laka *El Marinero*, aparecieron juntos en una función taurina promovida en Bilbao, a las órdenes de Juan Ximénez *Morenillo,* y del segundo espada, Manuel Parra. En este mismo programa, cuya fecha exacta se desconoce, se anunciaba la lidia de cuarenta toros bravos: once de la vacada de Eugenio y Miguel Paredes, vecinos de Colmenar Viejo, y otros veintinueve ejemplares, de la hacienda navarra de Fausto Joaquín Zalduendo. También está verificado que Antonio Ituarte participó en las funciones taurinas de Bilbao, en el mes de agosto de 1816. De la misma manera, el escritor José María de Cossío recopiló una reseña periodística correspondiente a una de sus actuaciones en Madrid, al 12 de septiembre de 1819:

"Habiendo llegado a esta corte el banderillero Antonio Ituarte, conocido por el Zapaterillo de Deba, la comisión de toros, deseando proporcionar a este heroico pueblo toda cuanta variación le es posible, y penetrando al mismo tiempo del aprecio con que le distinguió en la época que banderilleó en esta plaza, ha dispuesto lo ejecutase en la corrida de mañana, y en el lugar que le corresponde". [ci]

En 1824, Ituarte y Laka, volvieron a torear en Pamplona a cambio de 1593 reales. A partir de 1833, acudieron a la mayoría de las plazas formando pareja. Los ciclos de 1829 y 1830 volvieron a lidiar en Tolosa. Así, los cursos de 1840 y 1841 les volvieron a anunciar en las plazas de Pamplona y Tolosa, aunque para entonces se había integrado en la cuadrilla, *Zapaterillo hijo*. Tres años más tarde, padre e hijo, volvieron a Tolosa. El otrora aprendiz de zapatero remendón se retiró cuando ya había cumplido los 62 años.

Ituarte, José. *Zapaterillo el Joven*

José Ituarte (Deba, 1808), más conocido por *Zapaterillo El Joven*, consiguió acuñar fama de estoqueador certero. Sin embargo antes de abrazar el oficio paterno, parecer ser que acudió a la Real Escuela de Tauromaquia de Sevilla, para ampliar sus "estudios" tal como sugiere Francisco Tuduri Esnal.

En la temporada de 1833, el maestro de Deba compareció en el ruedo de San Sebastián integrado en la cuadrilla de Francisco Montes. Una de sus primeras visitas a Azpeitia se registra en los *Sanignacios* de 1841. En el siguiente curso participó en las corridas pamplonicas. Un año después, banderilleó una función de toros en la plaza de la Constitución de San Sebastián. De la misma manera, su nombre aparece en las ferias de Tolosa y Pamplona de 1843; escenario éste último en el que estoqueó al ultimo burel de los dieciocho anunciados. En el mes de octubre del año siguiente, volvió al mismo redondel para pasaportar dos bureles de Lizaso, en una mojiganga que sirvió para solemnizar el cumpleaños de Isabel II.

En las fiestas de Deba de 1847, actuaron *Zapaterillo* padre e hijo, el primero *"un anciano que viste chaquetilla y calzón negro"*, tal como le describió Francisco de Paula Madrazo; función en la que no tuvieron que pasaportar a ninguno de los bureles corridos pues eran *"necesarios para las labores de campo"*.

En la temporada de 1848, continuaba siendo uno de los nombres imprescindibles en las funciones de toros pamplonicas, donde el mes de septiembre dio muerte a cuatro ejemplares en solitario. Este mismo año, Ituarte era la principal atracción de las celebraciones taurinas de su pueblo. El escritor Francisco de Paula ejerció de cronista de las fiestas de San Roque, a la vez las características físicas, y vestimentas que lucía el diestro local y su veterano progenitor:

"...ya aparece la cuadrilla de El Zapaterillo, que es el primer espada, viste con notable gracia el traje andaluz; su chaquetilla y su calzón son de color rosa con oro. Su estatura es regular, su aspecto brioso, sus patillas de torero. A su lado marcha un anciano que viste chaquetilla y calzón negros, con alamares negros, también. Es su padre. Hombre aunque de edad avanzada, de corazón juvenil y de notables bríos, no teme arriesgar los pocos años que le restan de vida en obsequio de San Roque. Un aprendiz de torero, muchacho de más prudencia que talla, es el ultimo individuo de la cuadrilla."[cii]

En el curso de 1850, volvió a visitar los ruedos de Tolosa, Deba y San Sebastián, entre otros. En su pueblo natal, actuó tres tardes consecutivas, donde se anunciaba *"que la plaza estará a cargo del intrépido Don José Ituarte y su cuadrilla, a quien también acompañaban los hermanos Zuzabarros"*.[ciii]

Un año más tarde, José Ituarte, con motivo de la inauguración de la plaza donostiarra de San Martín, resultó herido en una pierna, justo en el momento en que saltaba la barrera, por un toro de la ganadería de Fuentes, llamado 'Solitario', lidiado en una prueba.

Con motivo de los *Sanignacios* de 1854 volvió a visitar el circo *azpeitarra*. De igual forma compareció en el coso de Tolosa formando parte de la tropa de Mendíbil. En la feria vitoriana de 1851, actuó a las órdenes de Francisco Arjona *Cuchares*; tarde que *Zapaterillo* *"estuvo feliz al poner banderillas"*. Para su desgracia unos dos días más tarde sufrió dos heridas graves en San Sebastián.

En cualquier caso, el periódico 'La Esperanza' relató a sus lectores las circunstancias en que contrataron a *Zapaterillo para actuar* en la plaza francesa de Bayona, los días 24 y 25 de agosto de 1852, en sustitución de *El Chiclanero*, ocasión en que le trataron de desprestigiar, con la publicación de su historial profesional:

"Hoy por fin han aparecido los carteles por las esquinas y juzguen ustedes de nuestra sorpresa al ver sustituido el nombre de nuestro gallardo y bizarro Chiclanero por el del Zapaterillo (que ninguno de ustedes, conocerá probablemente), el cual auxiliado por un tal Egaña, esta encargado de parodiar y poner en ridículo nuestras lidias. El Zapaterillo es un vizcaíno natural de Deba, que jamás ha pasado el Ebro ni toreado más que vacas y novillos, casi siempre embolados, sin arte, traza, ni traje de verdadero diestro" (...) *"Por una mala novillada, y con tan extraños elementos, querrán formar juicio estos franceses acerca de nuestras corridas, y no faltara tampoco algún literato turista que desde Saint- Esprit dirija a los periódicos de Paris un concienzudo articulo "Sur les combats de Tauroaux y la extraordinario habilidad del celebre Zapaterillo".* [civ]

Unos años más tarde, el nombre de *Zapaterillo* fue motivo de controversia política en el Senado español, donde un contrincante del fuerista guipuzcoano, apellidado Egaña, afirmaba que las Juntas Generales de Gipuzkoa, en alguna ocasión habían estado presididas *"por un zapatero a quien apodaban Zapaterillo de Deba, que se supone es nuestro romántico torero".* [cv]

J

Jardines

Este aspirante taurino, apodado *Jardines*, a su vez socio de la Sociedad Euskal Billera, debió ser un personaje muy popular, pues su nombre aparece con cierta frecuencia como protagonista de diversas funciones taurinas en algunas plazas de toros guipuzcoanas, entre las que se encuentra su participación en una becerrada en Hernani, coincidiendo con el martes de Carnaval de 1931. Tres años después actuó dos tardes en 'el Txofre', en otros tantos festejos sin picadores.

Tintorero entrando a matar en el coso de Deba, en los San Roques de 1909.

Jáuregui, Juan. *Tintorero*

Las hazañas más sobresalientes que se conocen de Juan Jáuregui *Tintorero* (Eibar o Elgoibar), tuvieron como escenario a la plaza bilbaína de Vista Alegre, donde el 1 de Noviembre de 1908, pasaportó una novillada de noveles en la que se disputaba un capote de paseo (*Mirandito*, Eloy Pérez *Cocherito Chico*, *Ocejito* y *Mirandito*), tarde que resultó cogido mientras pasaba de muleta a su contrincante.

En el ruedo de Deba se registraron dos actuaciones de este aprendiz de torero con motivo de los *Sanrokes* de 1909, tal como aparece reflejado en la revista 'Los Toros'. Esa misma temporada ofreció una muy mala actuación en el ruedo de 'El botxo', el 26 de septiembre, en un cartel que completó Juan Domínguez *Pulguita Chico*, y que crítico la anterior revista:

"Tintorero, sin saber lo que se trae entre manos, da tres o cuatro pases con la derecha (cuando debería pasarlo con la izquierda). Tintorero sigue pasando... miedo, y con el estoque atraviesa por el pescuezo al inocente novillo. Vuelve a entrar a matar, teniendo los dos estoques clavados el toro, y deja otra dolorosa; aburrido dobla el toro. Tintorero es abucheado, y, por chifla, pide el público en masa la oreja. ¿Será la de él?"

Los anteriores comentarios negativos no le arredraron al "pincha uvas" pues siguió intentado hacerse un hueco al sol taurino. Así, el domingo 22 junio de 1913 apareció en el coso madrileño de Tetuán de la Victoria, donde se pasó de muleta al "chivo" correspondiente, muy de cerca y con tranquilidad. Los entendidos le etiquetaban de esforzado, aunque con unos conocimientos taurinos muy básicos. 'El Cossío' le etiquetó de *"valiente y atrevido"*.

Jucera, Ricardo. *El Vascongado*

Ricardo Jucera, en el curso de 1885, aguardaba a que le ofrecieran una oportunidad para torear en el coso donostiarra, pues de lo contrario estaba dispuesto, junto al también aspirante José Macedo, a arrendar la plaza de toros los meses de mayo y junio, si no le quedaba otro remedio, para conseguir sus propósitos.

K

Kortadi, Rufino. *Marrus*

Rufino Kortadi Lasa (Altza, 1934) actuó de primer espada en varios festejos de noveles en la plaza donostiarra en los años cincuenta. Uno de ellos, el 18 de julio de 1950, con motivo de la festividad franquista. Cuatro años más tarde, estoqueó una novillada sin picadores en la misma plaza, ocasión en que fue premiado con un trofeo auricular. Al parecer, el apodo *Marrus* se correspondía con el nombre del caserío familiar.

L

Laka, José Ventura. *El Marinero*

Cuentan algunos revisteros que José Ventura Laka Mancisidor *El Marinero* (Deba, 1790- Azpeitia, 1845), era alto de estatura, arrogante, y muy valeroso. Y que actuaba, indistintamente, de primer espada y subalterno. Una parte de su carrera compartió cuadrilla con *Zapaterito*, a las órdenes de distintos matadores de toros, en las plazas del norte peninsular y sur de Francia. Asimismo, queda constancia escrita de una actuación de ambos banderilleros en las corridas bilbaínas de 1819.

Como ya es conocido, Laka fue corneado de muerte en Azpeitia cuando contaba 55 años de edad, tras más de treinta temporadas en activo. Con el transcurrir del tiempo, varios historiadores locales han magnificado las circunstancias en las que perdió la vida el maestro *debarra*. Sin embargo, la teoría más extendida relata que estaba contratado para actuar en Azpeitia, en los *Sanignacios* de 1845. Supersticioso, como la mayoría de los toreros, mientras se dirigía a la plaza foral, al pasar por Lasao, cerca de Zestoa, se detuvo en el caserío en que vivía una adivinadora, Mary Dolores, para que le aventurase el futuro que le esperaba. La vieja *sorgiña* (bruja) colocó los naipes sobre una mesa y fijando su sagaz mirada sobre Laka, le advirtió: *"Kontuz, kontuz...* (cuidado, cuidado) *con un toro negro vas a andar muy mal. Ten cuidado, porque si no, tu fin está próximo"*.

Es probable que aquella tarde, al subalterno no se le olvidase la advertencia de la vidente, de manera que estuvo muy prudente la mayor parte del festejo, sin hacer excesivos alardes de valor. Hasta que sintió su honor taurino humillado, al comprobar como Ituarte se ganaba repetidamente todas las ovaciones, tras colocar un gran par de rehiletes al cornúpeto negro zaino. Así que solicitó le entregase su par de zarcillos correspondiente. *El remendón* volvió a acercarse a su compañero y le volvió advertir: *"Acuérdate de lo que te ha dicho Mary Dolores"*. Por desgracia el consejo resultó inútil. Laka se dirigió hacia el burel, que con una embestida violenta y poderosa, salió con rapidez al encuentro del torero al que empitonó justo en el momento en este intentaba clavarle los arpones. Laka fue cogido con tanta brutalidad que quedó totalmente inerte en el medio del redondel. La emoción fue enorme. *Zapaterito* y el resto de su cuadrilla lloraban como niños desconsolados.

Se asegura que los restos de este torero descansan en el cementerio de Abitain, en Azpeitia. Desde entonces, año tras año, la afición de la *Sevilla guipuzcoana* enmudece al oír trepidar el *Zortziko* fúnebre que recuerda al gladiador de Deba.

Lamarque, Luis

Luis Lamarque fue un estoqueador donostiarra de corta trayectoria taurina, que los años 1963 y 1964 protagonizó varias becerradas promovidas por el C.A.T. (Centro de Atracción y Turismo), con objeto de promocionar la llegada de turistas a la ciudad.

Larramendi, Julio

Julio Larramendi fue un humildísimo aspirante, a quien se contabiliza una aparición en el principal ruedo guipuzcoano, en el verano de 1948, en la que mostró cierta desenvoltura moviendo la capa y manejando la espada.

Larrañaga, Javier

El sábado 19 de junio de 1957, festividad del Corpus Christi, el futuro matador de toros salmantino, Santiago Martín *El Viti* descubrió la mar y toreó, por primera vez, en 'El Txofre' un festejo sin picadores, en el que realizó el paseíllo acompañado de los noveles locales, Javier Larrañaga y Josetxu Mateos.

Larrañaga, José

José Larrañaga fue otro estoqueador aficionado que, en las temporadas de 1926 y 1927, participó en una becerrada benéfica en Tolosa, localidad de la que era natural (junto con Ramón Argote y Paco Irastorza). Debía mostrar cierta facilidad para la Lidia pues, el 24 de julio de dos años más tarde, volvió a comparecer en el mismo ruedo. Los primeros días de julio de 1931 acudió a la misma plaza una vez más.

Lauzirika , Manuel

Al novillero Manuel Lauzirika Leturia (Itxasondo, 1930) se le considera, a efectos taurinos, vizcaíno, por transcurrir en esta provincia la mayor parte de su carrera taurina.

La improvisada plaza del barrio de Ibarra (Orozco) fue el escenario de una de sus primeras apariciones, fechada documentalmente el 15 de Agosto de 1946, corrida en la que estoqueó un novillo *montxino*, acompañado de *Fruterito*, principiante zamorano afincado en la bilbaína calle San Francisco. El 20 de junio de 1948, se presentó en Vista Alegre, en una novillada de noveles, donde despachó un eral de Manuel José Cerezo (junto con Roberto Fernández *Robertijo*, Luís María Concepción *Modelito*, Julián Uriarte *Chico de la Viña de Deusto*, Ignacio Martínez *Iraleño,* y Ignacio Lecea *Chico de Asúa*). En el mismo espacio escénico, el 4 de Junio de 1950, protagonizó la parte seria del espectáculo bufo, "*Galas del Arte*", tarde en que se enfrentó a un eral del anterior criador.

Así, después de protagonizar alrededor de veinte festejos menores en diversas plazas vizcaínas, entre las que se encontraban la de Carranza y Amurrio, su nombre desapareció del panorama taurino. Después nos lo encontramos siendo empleado de la Sociedad Bilbaína y directivo del Club Taurino de Bilbao.

Lekuona, Josetxu

Josetxu Lekuona, junto a *Tolosanito* y Ramón Edo, actuó en la plaza de Tolosa el 6 de abril de 1947, en un festival taurino a beneficio de la institución caritativa, *La Gota de Leche*. Con idéntico cartel, volvió al mismo escenario un año después. De acuerdo con el criterio de Tuduri Esnal fue, *"un magnifico aficionado que toreaba requetebién"*. Asimismo en los años cincuenta ejerció de sobresaliente de espada en varias novilladas. En el coso *tolosarra* sumó al menos cinco comparecencias.

Llanos, Fernando

El espada Fernando Llanos pisó las arenas de Tolosa, en varios festejos taurinos con fines caritativos, durante los cursos de 1966 y 1967.

Loidi, Cipriano

Cipriano Loidi (Mondragón, 1898- Guadalajara ¿?), también apodado *Mondragón y Litri*, comenzó su trayectoria en una becerrada de noveles en Bilbao, en el curso de 1918. Un año antes había abandonado un empleo en la empresa Unión Cerrajera para establecer su residencia en Salamanca con objeto de mejorar sus conocimientos taurinos. A la vez, trabajó de subalterno de Jaime Noáin y *Chatillo de Bilbao*. Y, en la plaza de su pueblo compareció en las fiestas de San Miguel de 1923.

Con posterioridad, toreó en Gijón, mano a mano, con Manuel Mentxaka *Carnicerito de Logroño*; en Durango, vis a vis con el jerezano, *Chato de Manzanilla*; con el *Chatillo de Bilbao*, en Santoña a beneficio de los presos; en Ermua como único matador; en Garagartza, a beneficio de los enfermos internos en el hospital psiquiátrico de Santa Águeda y en Zumarraga como banderillero de Celso Sáez. Están documentadas también otras tardes en Santander y otros circos norteños.

El historiador, José Letona nos ofreció una breve reseña biográfica de este aspirante a quien la afición le venía: *"desde pequeño porque al ser hijo de tratantes de ganado vacuno se crió entre reses"*. Del ganado de su caserío siempre elegía algún ejemplar, con el que Cipriano *"se entretenía haciéndole embestir"*. Falleció en Guadalajara, ciudad en la que se ganaba la vida trabajando de taxista.

López, Víctor. *El Tonto de Euskal Billera*

Víctor López Arrizubieta (San Sebastián, 1901-1973), vecino del barrio de Loiola, fue un reconocido practicante del toreo cómico, que actuó en incontables galas benéficas promovidas por la Sociedad Euskal Billera, a lo largo de varias décadas, para ayudar a convertir en realidad números proyectos benéficos.

La llegada a las plazas de El Tonto de Euskal Billera, subido en un coche descapotable, era espectacular. Aunque, previamente, ya había desfilado por las principales calles de la ciudad, como avance publicitario del espectáculo que se iba a ofrecer en el redondel.

La temporada de 1930 protagonizó una de sus primeras apariciones en 'El Txofre'. El especialista en tauromaquia guipuzcoana, Solera Gastaminza, dejó resumidos los rasgos de su inconfundible personalidad: *"Fue un verdadero genio del toreo cómico. Para nosotros, particularmente, el mejor de cuantos hemos visto actuar"*.[cvi]

Por su parte, Francisco Tuduri, ofreció su particular testimonio acerca del trabajo de Juanito: *"artista de fina sensibilidad, genial carnavalero, y extraordinario torero... bufo, protagonista de números que, sobre todo en 'El Txofre' donostiarra, hicieron historia"*.

López Iralagoitia, Luis. *Txikito de Rentería*

Al parece, Luis López Iralagoitia *Txikito de Rentería*, era una persona de una gran simpatía personal, que inició su carrera a través del planeta taurino en los primeros años treinta. Una de las primeras ocasiones en las que tuvo ocasión de mostrar sus conocimientos taurinos, fue con motivo de las fiestas de la Virgen de la Magdalena, el 30 de julio de 1934, en un coso portátil montado *ex profeso*, en Rentería; función en la que también actuaron *los Charlot de Euskal Billera* y Abelardo Montes.

Una semana más tarde, junto a la señorita torera, Juanita Cruz, pasaportó cuatro novillos de Santos, en su mismo pueblo, corrida en la que estuvo desgraciado con el estoque. El mismo día del año siguiente retornó al mismo redondel para enfrentarse a una novillada de Terrones, en la que se volvió a lucir con el capote y la muleta, pero falló con la tizona.

El 5 de agosto de 1934, *Txikito* lidió una novillada sin picadores en San Sebastián, plaza a la que regresó el mes de septiembre, junto a Francisco Diez Durruti y *Jardines.* En este mismo ciclo fue uno de los espadas seleccionados para cerrar la temporada donostiarra en un festejo mixto *(Txikito y Jardines*, frente a dos novillos, y *Pedrucho*, que estoqueó dos toros).

Los meses invernales de 1935, el novillero de Rentería los pasó entrenándose en distintas ganaderías salmantinas, entre las que se encontraba la de los hermanos Pérez Tabernero. Según uno de estos ganaderos charros, apellidado González, *"tenía cosas que recordaban a Belmonte y Chicuelo"*, quien pronosticó que podría convertirse en el nuevo matador de toros guipuzcoano.

El arte de Iralagoitia debió agradar a Eduardo Pagés, quien le anunció para abrir la temporada el Domingo de Pascua, cita a la que acudieron numerosos aficionados franceses (Joselito de la Cal y Antoñete Iglesias). Fue un festejo promovido por el Centro de Atracción y Turismo (CAT). Esa tarde Iralagoitia volvió a fallar manejando el sable.

En los primeros días de octubre de 1935, compareció en Alcalá de Henares (novillos de Gallego de Salamanca, en compañía de Daniel Rubert). Desgraciadamente, resultó herido en una mano. Una vez transcurrida la Guerra Civil, en la temporada de 1940, continuó acudiendo a los ruedos de Tolosa, Pasajes, Deba... hasta que su nombre se evaporó en el firmamento taurino.

M

Martín, José Ramón

Según la enciclopedia 'El Cossío', este matador de toros, de humilde recorrido profesional, José Ramón Martín Manjares, nació en Ciudad Rodrigo (Salamanca, 1969). No opina igual la revista 'Aplausos', que afirma que vino al mundo en Hernani (Gipuzkoa, 1970). En cualquier caso, recibió la alternativa en Fuentesaúco (Zamora) el mes de julio de 1998, de manos de Miguel Báez *Litri*, con Manuel Díaz *El Cordobés*, de testigo, junto a quienes lidió un encierro de Salustiano Galache.

Martintxo

Un desconocido aspirante local del que desconocemos su nombre y apellido, y que se apodaba *Martintxo,* protagonizó una novillada en Eibar en junio de 1923, sin que consten más actuaciones suyas.

Mateos, Josetxu

Una de las primeras actuaciones de Josetxu Mateos tuvo como escenario 'El Txofre', el 19 de junio de 1957, la misma tarde en que *El Viti* se presentó ante la afición guipuzcoana, en una novillada económica en la que completaron el cartel Txomín Rekondo y Javier Larrañaga.

Mayor, Santiago. *Barberillo*

Santiago Mayor *Barberillo,* fue más conocido como *Santi el de La Cepa*, gracias al exitoso establecimiento de hostelería que regentaba en el Casco Viejo donostiarra. Una de las primeras apariciones en los redondeles de *Barberillo* -apodo que nos recuerda sus orígenes profesionales-, tuvo lugar en San Sebastián, el 18 de julio de 1948, en un festejo de noveles. El curso de 1954 protagonizó la parte seria de un festival cómico- taurino en el que no le acompañó la suerte.

 En compañía de los bilbaínos, Acito López y Fernando Gómez *El Vizcaíno*, banderillero afincado en Madrid, se presentó en el ruedo de Carabanchel en el mes de julio de 1955, en una novillada-concurso de noveles. En la temporada de 1956 fue premiado con dos trofeos en un festejo promovido por la Euskal Billera. En el ciclo de 1958 participó en un festival taurino junto a *Morenito de Talavera*. En el mes de mayo de 1962, participó en una de las becerradas promovidas por el C.A.T., festejo en el que volvió a figurar un año más tarde.

No obstante, en el mes de septiembre de 1972, *Barberillo, El Gran Babali*, y otros dos espadas modestos intervinieron en el último festejo popular promovido en 'El Txofre'. En octubre de 1991, la afición taurina guipuzcoana le rindió un homenaje popular en la plaza de toros de Azpeitia, de gran éxito artístico, que encabezó

Antonio Chenel *Antoñete*; tarde en que el hostelero se lució con el capote y la muleta.

Cuando se cortó la coleta, su bar restaurante 'La Cepa' se convirtió en uno de los puntos de cita obligatoria durante la Semana Grande, al que acudía la flor y nata del mundillo taurino.

Leopoldo Maza (1) escuchando los consejos de Antonio Fuentes durante un encerrona en Dos Hermanas.

Maza, Leopoldo

Leopoldo Maza fue uno de los incontables lidiadores aficionados, visitante habitual de la Semana Grande donostiarra; circunstancia que le permitió mostrar sus conocimientos taurinos prácticos entre los años de 1905 a 1908. Según la prensa de la época, este simpático y joven *sportmen* de origen mexicano, a quien unos años después le concedieron la nacionalidad española, era un,

"...rico capitalista de Madrid, muy conocido en San Sebastián donde viene todos los veranos, se le ha otorgado el Condado de Mazas por haber estado en la guerra de Marruecos como voluntario".

Al parecer, en una de estas actuaciones en 'El Txofre', Maza estoqueó una res de los marqueses de Villagodio de seis años de edad, en un festival promovido por el periódico 'El Liberal', a beneficio de los pobres de Andalucía. A esta velada asistió el rey de España, acompañado del gobernador civil y del alcalde; ocasión en que el Orfeón Donostiarra aportó la ambientación musical. Unos meses antes, había toreado en Carabanchel. Del mismo modo, en el curso de 1907, compareció en Tolosa, en una función también benéfica, promovida por el Club Cantábrico, que presidió la Familia Real, desde un palco habilitado a tal efecto.

Luis Mazzantini, por Daniel Perea

Mazzantini, Luis

Nació Mazzantini en Elgoibar del matrimonio de Doña Bonifacia de Eguía y Eguiño, de la misma naturaleza que D. José Mazzantini y Vangucci, natural de Pistoya- Toscana. Hasta 1867 recibió esmerada educación en Bilbao; pasó en dicho año a Italia con sus padres, regresando a España en 1870, agregado a la servidumbre del rey Don Amadeo, como Secretario particular del Excelentísimo Sr. Caballero Marchimo, y concluyó el bachillerato en 1875. En el siguiente año fue Factor-Telegrafista en los Ferrocarriles de Mediodía, en 1878, Jefe de Estación de la Malpartida; y en enero de 1880, empleado de las oficinas de la línea de Ciudad Real a Badajoz.

(La Lidia)[cvii]

Luis Mazzantini (Elgoibar, 1856- Madrid, 1926), fue uno de los grandes matadores de reses bravas de finales del siglo XIX. El diestro elgoibarrrés amaneció en el panorama taurino cuando *Frascuelo y Lagartijo* se encontraban en el cénit de su reputación. Don Luis destacaba por tener un valor repetidamente comprobado. El punto más sobresaliente de su estilo taurino era la ejecución de la estocada. El mismísimo Rafael Guerra *Guerrita* le llegó a avalar como el rey del volapié. En cualquier caso, fue un diestro completo, pues también banderilleaba con poder y cierta técnica. En las veinte temporadas que se mantuvo en activo se midió a 1.086 corridas de toros, en las que pasaportó 2.901 bureles.

Antes de abandonar su modesto destino laboral, en la empresa de ferrocarriles en la que trabajaba para abrazar la profesión de lidiador, le explicaba a su inseparable esposa, la conclusión a la que había llegado antes de abandonarla:

"Ten conformidad, hija mía, en este país de los prosaicos garbanceros no se puede ser más que dos cosas: o tenor del Teatro Real o matador de toros. Un Do de pecho, o una Estocada por todo lo alto es lo que priva y da fama y dinero. Yo no puedo dar el Do de pecho; pero me encuentro en condiciones para dar Estocadas por todo lo alto, y vaya lo uno por lo otro".

Sus compañeros de escalafón enseguida le bautizaron como *el señorito loco*. Nunca vistió el tradicional traje corto, vestimenta típica de los lidiadores, ni tampoco se dejó crecer la coleta de pelo natural, señales externas simbólicas de los toreros de su generación, sino que se enfundaba el exclusivo frac, de manera especial, cuando acudía a las funciones de ópera -era espectador habitual del Teatro Real-, a las tertulias literarias, o ó a las exposiciones pictóricas.

Mazzantini se hizo muy popular entre los aficionados a los toros con rapidez, en gran medida gracias a su vasta cultura, pues dominaba a la perfección varios idiomas: italiano, francés y euskera, además de traducir al latín. También tocaba el piano.

Al parecer mantuvo un tórrido romance con la actriz, Sara Bernhardt. En algunos momentos, la prensa más reaccionaria aseguraba que el diestro elgoibarrrés era masón, y que en sus excursiones invernales a los ruedos americanos, aprovechaba para estrechar lazos de amistad con las diversas logias americanas. Fue también uno de los primeros lidiadores que obtuvo la autorización del gobierno francés para realizar el paseíllo en los recintos taurinos de Cauterets y Nimes.

Las primeras actuaciones de Luis Mazzantini en los ruedos tuvieron lugar en 1875, con motivo de la corrida de dos novilladas promovidas por los empleados de la Estación de Ferrocarril de Albacete. A continuación, trabajó de sobresaliente en otras dos becerradas instituidas por la Sociedad de Socorro de Ferrocarril que se oficiaron en Madrid, los años de 1877 y 1879. Más tarde, lidió dos novilladas impulsadas por varios aficionados de Talavera de la Reina. En una de ellas pasaportó dos bureles de más de cinco años de edad. En septiembre acudió al ruedo de Torrijos. En mayo de 1880- tras dejar su trabajo en los ferrocarriles-, comenzó a visitar los cosos extremeños y manchegos de Valencia de Alcántara, Sonseca, Villena, Jadraque... de manera regular. En junio, el 'Boletín de Loterías y de

Toros' le clasificaba en el apartado de espadas aficionados, a quien habían escriturado *"para torear en Valencia de Alcántara (Cáceres), siendo de cuenta de dicho joven poner toda la cuadrilla"*.

El aspirante a matador solo necesitó cuatro temporadas en el escalafón novilleril –1880 a 1883- para que la afición fijase sus ojos en él -previo entrenamiento y consejos de Cayetano Sanz-, a pesar de que sus conocimientos acerca del toreo eran aún muy rudimentarios, tras participar en numerosos festejos pueblerinos. Según un reputado revistero de la época: *"la muleta en sus manos era un chisme inútil y muchas veces perjudicial"*.

En 1885, con motivo de un festival benéfico a favor del Hospital Civil y Santa Casa de la Misericordia de Bilbao, Mazzantini compareció en el ruedo de Vista Alegre vestido con medias negras por primera vez. Este mismo año, al tener noticias del incendio que se había llevado por delante una gran parte del edificio que acogía las dependencias de la Diputación Foral de Guipúzcoa, envió una carta al empresario José Arana, en la que se ofrecía a colaborar desinteresadamente en su reconstrucción, pues:

"Yo, a fuer de guipuzcoano, me ofrezco a torear en esa plaza una corrida gratis, a fin de allegar recursos para edificar dicho edificio".

El escritor Peña y Goñi censuraba con frecuencia, y gran dureza, las actuaciones de Mazzantini, de manera que en 1886, le retó a un duelo con pistolas -previo nombramiento de los padrinos correspondientes. Por suerte la sangre no llegó al río. [cviii] Este mismo año, un paisano suyo, le escribió una carta en verso muy *chirene*, que apareció publicada en 'La Lidia':

Elgoibar- Abuztúa Hamásei

Querido Luis:

Que has venido a tu país

diciendo andas por aquí

¿Con que te hases pues torero?

¡Jaungoicoa¡ ¡ Quién lo diría¡

Tú ya tener valentía.

no sé acertarás, pero…

¡Bien chiquito¡ ¡Bien valiente¡

Guapo te estás en la plaza,

Y dice la Nicolasa,

que gustoso está la gente

Yo vi toros hase un mes

Y te vi en San Sebastián

Todas las gentes dirán:

-¡ Guapo chico estabas pues¡

Con tu calzón urdiña

urrearequin, ¡qué lujoso¡

parecías más hermoso,

que desirte ya no sé ya.

-¡ Qué elegancia¡ ¡ Cuántos trajes¡

Al salir tú con cuadrillas

te miraban las pantorrillas

las nescachas de Pasajes;

y a un mozo de Rentería

le dijo una de Tolosa

¿Pantorrillas? ¡ Vaya una cosa¡

¡Mira, mejor es la mía¡

Con capote bien hisiste;

cansar toros dale:

pero, nada, no les vele,

y tú, Luis, ¡bien te luciste¡

Vas al toro…¡pum¡ y a tierra

Caer hases animal,

y como no hisistes mal

te gritaron,- ¡Bravo¡ ¡Ederra¡

Sé que dineros ahorras

¡Bien hases¡ Y que eres fino

y no te andas en vino,

y no te pillas mozcorras

Memorias, pues, de Chepete

el chico del tejedor

de Román el pescador

y de Blas el miquelete

¡Adiós¡ hasta que te vea

y andar haremos conmigo

sabes tu aprecia tu amigo

Inasio Gorigurren.

En las corridas bilbaínas de 1888, Mazzantini cortó una oreja a un impresionante cinqueño de Miura, al que toreó con el acompañamiento musical del *Gernikako Arbola.* La mejor función que protagonizó esta temporada fue un mano a mano extraordinario, entre Mazzantini y *Guerrita,* en el mes de septiembre, en una celebración promovida en Bilbao por la Diputación Foral vizcaína, con objeto de realzar las obras del Puerto Exterior. Si bien el ganado no pasó de regular, los dos espadas brillaron en sus turnos correspondientes.

Este ultimo año, Mazzantini había prestado parte de su capital a la empresa de la plaza de toros de Madrid para evitar su quiebra, lo que le obligó esa temporada a ejercer de empresario y matador al mismo tiempo, situación que le generaba una gran hostilidad entre la afición. Para su desgracia, perdió 300.000 pesetas en esta aventura.

De manera que Luis Mazzantini, con sus recursos económicos debilitados, no tuvo más remedió que retornar a Montevideo para intentar recomponer parte de su fortuna. No contento con su fracaso empresarial, estos mismos años se convirtió en criador de ganado bravo, tras adquirir el hierro del escritor y ganadero, Antonio Fernández de Heredia.

La temporada de 1898 toreó en Madrid una función patriótica que pretendía reivindicar la guerra contra los Estados Unidos. Asimismo, en la corrida de la Beneficencia de 1901, brindó un burel al Rey de España, la primera ocasión que Alfonso XIII acudía a una plaza de toros.

Al final, en el invierno de 1905, cuando se encontraba toreando en Guatemala y otros países de América, ya con cuarenta años de edad cumplidos, tras el imprevisto fallecimiento de su esposa, tomó la decisión irrevocable de cortarse la coleta. El revistero, Ventura Bagües *Don Ventura* resumió las peculiares características, del diestro de Elgoibar:

"Alto, corpulento, esbelto, arrogante de figura, crecía ésta al perfilarse para entrar a matar, y al rodar los toros como pelotas los espectadores se miraban asombrados y le perdonaban sus grandes deficiencias como torero, que siempre las tuvo."

Cuando abandonó la profesión de estoqueador, Luis Mazzantini se dedicó a la política, en las filas de un partido de ideología monárquica, de manera que en 1906, resultó elegido concejal del Ayuntamiento de Madrid, en competencia con Pablo Iglesias y Largo Caballero. En este Consistorio ejerció de teniente de alcalde por el distrito de Chamberí y, unos años después, de diputado provincial. Alrededor de 1919, fue nominado gobernador civil de Guadalajara, primero, y de Ávila, unos años más tarde. Unos abriles después, fue elegido comisario de policía, hasta que le cesó el gobierno dictatorial de Primo Rivera, cuando asumió el poder absoluto, en 1923. Tres años después, falleció de un infarto de miocardio. Fue el primer estoqueador que cobró 6.000 pesetas por pasaportar una corrida de toros.

Mena, Javier

Javier Mena (Elizondo), fue un aprendiz de matador de toros, que en los primeros días de mayo de 1918, completó una terna en la plaza de Irun.

Mendiluce, José

José Mendiluce, miembro del consejo de administración de 'El Txofre', ejerció de espada aficionado, unos días antes de la inauguración oficial de la plaza de toros, tarde en la que lidió y estoqueó un novillo para divertimento de sus compañeros.

Mendiluce, José Manuel

Una de las primeras noticias acerca de José Manuel Mendiluce se remonta al mes de junio de 1947, coincidiendo con uno de los festejos de la Euskal Billera. En esta ocasión debió gustar su actuación pues un mes más tarde repitió actuación en una novillada organizada por el organismo franquista, *Educación y Descanso*, coincidiendo con la festividad del 18 de julio, tarde en que resultó premiado con una oreja. Ese mismo año, y con remate de la temporada, participó en un nuevo festival benéfico, impulsado por la Sociedad Umore Ona, pro damnificados de Cádiz, en la que mereció un trofeo. En una novillada de noveles celebrada en Bilbao, el 11 de Septiembre de 1949, cortó una oreja y se ganó una tercera repetición. En la campaña de 1948 estoqueó un burel en Tolosa.

Mendiluce era hijo de uno de los impulsores de 'El Txofre'. No obstante, en la temporada de 1953 ya se ganaba la vida trabajando de radiotelegrafista.

Mentxaka, Juan

El novel, Juan Mentxaka compareció en la plaza de Eibar en el curso de 1883, dispuesto a enfrentarse a una novillada de Lastur, en la que resultó herido de cierta consideración cuando intentaba colocar un par de banderillas.

Morenito de Aizarnazabal

Aspirante a figura del toreo, a quien el diario donostiarra 'El Día', etiquetaba como una de las principales esperanzas del toreo vasco de los años treinta en cerrada competencia con *Cocherito de Bilbao, Chiquito de Begoña, Pedrucho, Joselillo del Norte y Gitanillo de Vitoria.*[cix]

Mozo, Prudencio

Prudencio Mozo, novillero azpeitiarra, junto a Luis Prada, pasaportó un encierro de Lastur en Zumaia, con motivo de las fiestas patronales de 1935.

Munilla, Eusebio. *Esparterito*

De Eusebio Munilla no se conoce con certeza su lugar de procedencia salvo que se prodigaba la mayoría de sus actuaciones por los cosos vizcaínos y guipuzcoanos, ejerciendo, en ocasiones, de subalterno y, en otras, de medio espada y novillero. Sin embargo, se sabe que Eusebio fijó su residencia en Madrid, ciudad en la que actuó por primera vez en la campaña de 1892, motivo por el que la enciclopedia 'El Cossío', tal vez, le adjudicó el origen madrileño. Dos años más tarde, resultó herido de cierta consideración en Somorrostro (Vizcaya); herida que no le impidió acudir al ruedo de Lanestosa, de la misma provincia, un año más tarde. En esta ocasión, los hermanos Munilla se lucieron toreando al alimón. A *Esparterito* le representaba, el bilbaíno Tomás de Lezana, con domicilio en la calle Tendería.

Munilla, Vicente. *Munilla Txiko*

Otro aspirante, de humilde trayectoria, llamado Vicente Munilla, toreó en las ferias de Eibar los años finales del siglo IXX, de quien no se tienen muchas más referencias, salvo que era hermano de Eusebio.

N

Nestares, Víctor. *El Titi*

Víctor Nestares, maletero de profesión, era un personaje muy pendenciero, pues su nombre aparece con frecuencia citado en las páginas de sucesos de la prensa local, como aquella ocasión en que fue denunciado por varias mujeres en la comisaría del Antiguo, a las que había molestado con insistencia maleducada. Este comportamiento, bastante frecuente, provocó que unos años más tarde falleciera como consecuencia de una puñalada. El semanario 'La Fiesta Brava' describió las circunstancias en que se produjo el fatal desenlace, así como su peculiar personalidad:

"En Burdeos y a consecuencia de las heridas recibidas en una riña murió Víctor Nestares, conocido por el apodo de Titi, *popular picador de la Plaza de San Sebastián y otras de la provincia. El Titi era sumamente conocido por el público veraniego de la Bella Easo, ya que ejercía el cargo de maletero de la estación durante la semana, aprovechando los domingos para salir a picar y caerse del caballo en forma más o menos aparatosa pero siempre entre la jocosidad de la concurrencia. Un exceso de pundonor le enzarzó en una riña en la que su contrincante quedó en estado grave y él perdió la vida."* [cx]

El historiador taurino, Tuduri Esnal, recuerda que, a veces, formaba parte de la cuadrilla de *Torquito*, a pesar de que los hermanos

Chopera, propietarios de las cuadras de caballos de 'El Txofre', se negaban a que montase sus brutos, debido a su total ignorancia del oficio de ahormar ganado bravo.

O

Olaberri, Alfonso

Alfonso Olaberri Izaguirre (Tolosa, 1915) trabajó de banderillero varias temporadas sin cuadrilla fija. Tampoco actuó de primer espada con demasiada regularidad. Al cortarse la coleta, se estableció en el Puerto de la Cruz (Tenerife).

Olaizola, Lucas

Lucas Olaizola Albaicín fue un novillero azpeitiarra, que participó en un festival taurino celebrado en el coso de Pamplona, con motivo del la fiesta patronal del cuerpo militar del arma de Infantería, mientras realizaba el servicio militar, en compañía del futuro matador de toros navarro, Isidro Marín, el mes de diciembre de 1947. Esa tarde pasaportaron cuatro becerros de los hermanos Martínez Elizondo. Al mismo tiempo, participó en distintos festivales de características similares en varias plazas regionales.

Olaizola, Rafael. *Niño de Arrabal*

Rafael Olaizola Bereciartua (Azpeitia, 1938) lució su palmito taurino en las plazas de Zestoa, Tolosa, Deba, Urretxu, Mutriku, Orozko... Y, de manera recurrente, en el ruedo de su pueblo natal, en el que cosechó seis orejas y dos rabos por lo menos; hasta que, finalmente, decidió cortarse la coleta el 31 de agosto de 1981, aprovechando un festival taurino celebrado en su mismo pueblo (Novillos de Antonio Martín Tabernero para los estoqueadores Enrique Vera y José Etxebarría).

En octubre de 2011, *El Niño del Arrabal*, recibió de manos de Cruz Alberdi *Poxpi* la letra y música del pasodoble que en su honor había compuesto, con la letra en euskera, en el que también colaboró el *bertsolari* Euzkitze.

Olaricegui, José Antonio

José Antonio Olaricegui fue uno de los noveles guipuzcoanos de mayor antigüedad. Trabajó de primer espada a mediados del siglo dieciocho.

Onsalo Tomás de

Solo se sabe que el espada vergarés, Tomás de Onsalo (Bergara), toreó en la plaza de Pamplona entre los años de 1772 a 1775.

Ozaeta, Bartolomé

Bartolomé Ozaeta es otro de los innumerables espadas de origen guipuzcoano y de mayor antigüedad, de quien están documentadas varias actuaciones en plazas norteñas en los primeros años del siglo XVIII.

P

Polo, Leonardo

Leonardo Polo Ferrero (San Sebastián, 1979) es un matador de toros de sencilla biografía, formado en la Escuela Taurina de Madrid -en la que despachó numerosas becerradas, incluida una función en Mérida-, hasta que consiguió debutar con picadores en la plaza madrileña de la localidad de Las Matas, el mes de junio de 2003. Seis años más tarde recibió la alternativa en Moral de Calatrava (Ciudad Real), de manos de Octavio Chacón y con Mamerto López Díaz, de testigo. En la tarde de su debut como matador se pasaportaron seis reses de Los Derramaderos y Polo cosechó un trofeo auricular.

Alternativa de Leonardo Polo en Moral de Calatrava (Ciudad Real).

Al parecer, en la actualidad presta sus servicios jurídicos en una asesoría legal relacionada con la defensa de los intereses de usuarios y consumidores.

Prada, Luis

Luis Prada, novillero de Azpeitia, que el otoño de 1932, participando en una novillada con motivo de las fiestas de Urretxu sufrió una luxación de muñeca que le impidió estoquear al cuarto oponente del encierro, no tuvo más remedio que dejar el resto de reses en manos del bilbaíno Segundo Arana. La revista 'La Fiesta Brava' dejó constancia de este accidente. Un par de años después, apareció como sobresaliente de espada, en las fiestas de Zumaia.

Ramírez, Luis. *El Guipuzcoano*

Luis Ramírez Martxiarena (San Sebastián, 1869-Madrid, 1895) compatibilizaba la profesión de banderillero con la de pelotari. Modesto y honrado, se cuenta que fue en la plaza de Madrid donde alcanzó el mayor reconocimiento de la afición.

En el curso de 1895, participó en la feria de Eibar con motivo de las fiestas de San Juan Bautista. Para su desgracia, el 8 de septiembre de 1895, justo en el momento en que pareaba un novillo de Veragua (*Pepe Hillo y Villita*), sufrió una cornada en el orificio anal, cuando intentaba saltar la barrera. A causa de este percance perdió la vida unos días más tarde, cuando solo contaba 26 años de edad. Esa tarde postrera había mostrado un gran valor, a pesar de que sus conocimientos taurinos eran más bien limitados, pues se quedaba al descubierto con excesiva frecuencia, y más en concreto las tardes que se enfrentaba a los bovinos de más poder y sentido.

Refiere 'La Lidia', que unos días después, ya nadie se acordaba de la cogida pues *El Guipuzcoano* era un insignificante peón de brega, sin cuadrilla fija. Después de pasar por la enfermería del coso, los médicos le aconsejaron que acudiera a un hospital, recomendación a la que hizo oídos sordos, y al contrario, se dirigió a la humilde habitación que tenía rentada en la calle de la Costanilla de Santiago; casa que compartía con otros huéspedes *"volanderos"*. Y a su fonda acudieron sus amigos más cercanos para interesarse por su salud e intentar socorrerle; entre los que se encontraba su colega, Bernardo del Hierro. A ciencia cierta, la imprescindible falta de atención médica, y el paso de los días, hicieron que se agravase la herida que había sufrido, que solo recibía tratamiento cada ocho días, y no a diario como hubiera sido necesario.

Finalmente, un día acudió a su casa, el empresario de 'El Txofre', José Arana, quien con urgencia requirió la presencia de su paisano, el inminente doctor Juan Madinabeitia (Oñate, 1861), quien ordenó su ingreso inmediato en el hospital de la Princesa, al que llegó el 31 de octubre. Veinticuatro horas después murió.

En definitiva fueron Arana, un tal Machimbarrena, y el diputado provincial, Sr. Yáñez, quienes costearon y presidieron el entierro del banderillero en el cementerio de la Almudena; al que acudieron sus compañeros de fatigas: *Pepe Hillo*, Murcia, *Boto, Calesero, Berrinches, Bonifa, Torerito, Campillo, Cucharero, Pito, Cigarrón, Valencia, Rolo, Dominguín, Armillita, El Moreno*, Eduardo Leal, *Salamanquino*... y la dueña de la modesta casa en la que residía.

Como otros aspirantes, aprendió el oficio acudiendo a las capeas pueblerinas, y trabajando a las órdenes de numerosos banderilleros de segundo nivel, hasta que consiguió que le anunciasen en Madrid.

En el curso de 1895, toreó en la cuadrilla de Fernando *El Gallo.* En una de esas tardes, mientras intentaba banderillear un toro de Ibarra, su paisano, Mazzantini, le libró de una cogida segura. Unos años antes, había comparecido en Pamplona, de sobresaliente de espada, a las órdenes de Nicanor Villa *Villita,* frente a un encierro de la viuda de Zalduendo, mogón, de tres años y cuatro yerbas.

José María Rekondo dando la vuelta al ruedo. ^{cxi}

Rekondo, José María

José María Rekondo Rementería (San Sebastián, 1931- Torremolinos, 2006), nació en un caserío situado en las faldas del Monte Igeldo, donde entró en contacto con las reses mansas, porque su madre se ganaba la vida repartiendo la leche que generaba la ganadería en los caseríos vecinos a los que llegaba en un carro tirado por un caballo, en el que transportaba las gigantescas vasijas de aluminio. Aunque la pasión de su hijo por la Lidia se produjo la primera tarde que su *aita* le llevó a presenciar una función taurina en 'El Txofre'. Eleuterio Rekondo Azurza, hombre muy emprendedor y aficionado a los toros, promovió varias novilladas en una plaza portátil instalada en las afueras de Irun en la temporada de 1960.

Algunos aficionados de cierto fuste afirmaban que el estilo de Josemari era muy clásico, especialmente cuando lanceaba a la verónica. Por eso le acabaron bautizando como el *Belmonte Vasco*. Su debut vestido de luces tuvo como escenario el coso de Bergara, el mes de mayo de 1948, tarde que fue premiado con un trofeo. A partir de entonces, toreó con cierta regularidad en los redondeles de Eibar, Azpeitia, Zestoa, Tolosa...

En los días 11 y 12 de julio del año anterior protagonizó dos novilladas en San Sebastián. Los años siguientes acudió a los recintos de Corella (1949), Tafalla (1952), y Pamplona, en tres ocasiones, en las que consiguió una oreja la tarde de su presentación, el 8 de mayo de 1955 (Novillos de Martínez Elizondo para Antonio Borrero *Chamaco* y Antonio Palacios). De nuevo actuó en este mismo coso, el 18 de julio del mismo año, ya de matador de toros, en la corrida de la Asociación de la Prensa (Dámaso Gómez y *Joselillo de Colombia*).

En la temporada de 1951 debutó con picadores en Zaragoza; ciclo en el que sumó doce actuaciones, la mayoría en anfiteatros de primera categoría. En julio de 1952 retornó a la plaza donostiarra. En el curso de 1953 sumó 20 festejos picados, y cortó una oreja la tarde de su presentación en Madrid, el 5 julio (Manolo Carrión y Manolo Cáscales, frente a utreros de Moreno Yagüe). En el curso de 1954 cumplió dieciséis contratas. El siguiente año solo sumo tres -en una de ellas resultó herido en Donostia-, como preludio a su alternativa. Gran cartel en la Monumental de Zaragoza, el 19 de mayo de 1955 (junto a Manolo Bienvenida y Manuel Jiménez *Chicuelo*, con ganado de Atanasio Fernández). El primer curso en el escalafón superior solo sumo ocho actuaciones. Y tan solo cinco el ejercicio de 1956 -entre ellas, la confirmación de la alternativa en Madrid, el 16 de septiembre. El ciclo de 1958 solo toreó una función. El mes de agosto del año siguiente se encontraba inactivo hasta que le sonrió la fortuna y consiguió una sustitución en 'El Txofre', en la que estuvo tan afortunado que consiguió firmar ocho contratas.

En los primeros años sesenta se cortó la coleta. Con posterioridad se dedicó al apoderamiento de toreros, la mayoría de origen malagueño, área geográfica en la que fijó su residencia, como Miguel Márquez y Antonio José Galán. En esta actividad fue un genio. Consiguió poner a ambos toreros por encima de las 100 corridas por temporada. A Rekondo se le atribuye la formula de torear 33 tardes en los 31 días de agosto.

El 10 Julio de 1960, con un lleno total, en su mayoría de nacionalidad extranjera, se inauguró una placita portátil en Torremolinos, ocasión en la que actuaron Rafael Martín Vázquez y José María Rekondo, acompañados de los noveles *Terremoto* y Pepe Pastor. De nuevo, regresó al circo de Pamplona para participar en un festival en homenaje a Pedro Txaberri *Chico de Olite*, el 13 de julio de 1969, que había pertenecido a su cuadrilla (Julián Marín, Isidro Marín, Alfonso Navalón, Javier Sarasa y Manolo Rubio). Esa tarde, Rekondo donó cincuenta mil pesetas. Para su desgracia, falleció de un infarto de miocardio en Torremolinos, desde donde le llevaron a enterrar al cementerio de Benalmádena.

Rekondo, Txomín

Txomín Rekondo Rementería (San Sebastián, 1936) es hermano del matador de toros del mismo apellido a quien intentó emular. Muchos años después, se convirtió en el propietario del famoso restaurante de su mismo nombre y apellido.

Una de las primeras apariciones de Txomin en los redondeles aconteció en una becerrada corrida en Tolosa, en el mes de abril de 1949, cuando solo tenía trece años de edad. Unos meses después, el 18 de julio, acudió a 'El Txofre', donde mostró unas muy buenas aptitudes para sortear ganado fiero. En el siguiente curso fue uno de los protagonistas principales de la becerrada de la Euskal Billera. De seguido, el 4 de abril de 1952, despachó una novillada de Infante, en Pamplona (Luis María Concepción, y *El Indio Apache)*; plaza a la que regresó cuatro años más tarde, para enfrentarse a cuatro erales salmantinos –junto a Francisco Beolorgui *Romerito*-. Un año después compartió paseíllo con *El Viti* en una novillada económica coincidiendo con la festividad del El Corpus en Donostia. El 8 de septiembre de 1957 toreó en Zestoa. Los primeros días de septiembre de 1959 debutó con picadores en San Sebastián. En agosto, ya había toreado una novillada de las fiestas de Deba. En el curso de 1964, participó en uno de los festejos que anualmente promovía el C.A.T. Cuando se inauguró el tauródromo de Illumbe, Txomín, fue designado asesor de la presidencia.

Rekondo, Vicente

Vicente Rekondo Rementería fue el más joven de los tres hermanos aspirantes a torero, quien asimismo vistió el terno de luces en distintos festejos de noveles. Entre otras ocasiones, en la temporada de 1952, en una de las novilladas que servían para conmemorar el 18 de julio, con escasa fortuna.

Rekalde, Ángel. *Chiquilín*

Ángel Rekalde fue uno de los matadores que compartió paseíllo junto a otros dos desconocidos aspirantes en un festejo para principiantes celebrado en la plaza de Irun, el mes de junio de 1916. Dos años más tarde había ascendido a la categoría de sobresaliente, y a director de lidia, en un nuevo festejo de noveles.

S

Saavedra, Andoni

Andoni Saavedra (Rentería, 1990). En la temporada de 2006 era una de las últimas esperanzas de la afición guipuzcoana. Están documentadas varias novilladas en las arenas de Rada (Navarra), Pozuelo de Alarcón, Navalmoral de la Mata…, bajo la dirección del otrora alanceador Matías. Dos años más tarde compareció en algunas plazas francesas.

Sáez de Vicuña, Julio.

Becerrista de humilde trayectoria, Julio Sáez de Vicuña *Luisito* (Azpeitia, 1922), comenzó su andadura sobre las arenas taurinas la temporada de 1939, en algunos espectáculos menores corridos en la plaza ignaciana. En la temporada de 1947, sobresalió en un festival benéfico a favor de '*La Gota de Leche*', en el coso de Tolosa, formando parte de la cuadrilla de *Carnicerito de Azpeitia*, con quien recorrió varios redondeles guipuzcoanos; entre ellos el de San Sebastián, y la temporada anterior en un festival benéfico a favor de los damnificados de Cádiz. En 1954, *Luisito* se midió, mano a mano, en Azpeitia, al *Niño del Arrabal,* con novillos autóctonos de Antonio Artetxe.

Sáez, Celso. *Armerito*

Celso Sáez Gómez (Eibar), hermano de *Iluminadito,* pertenecía a la cuadrilla de bilbaíno, Alejandro Sáez *Ale* alrededor de 1910. Al menos se le reseña una actuación en la plaza de Eibar, en compañía de su hermano, la misma tarde que debutó *Pedrucho de Eibar,* con quien completaba una cuadrilla de niños toreros eibarreses. Cuando se reconvirtió en banderillero utilizaba el alias *Herminado*.

Sáez, Iluminado. *Iluminadito*

Iluminado Sáez Gómez (Eibar), fue un novillero de quien contaba *Lladito,* con quien anduvo de capeas por esos pueblos de Dios, *"que hacía el Tancredo cabeza abajo, llevándose la mayor parte del guante"*; es decir, que era quien recolectaba más propinas de los espectadores y a quien se ofrecían los capotes de brega extendidos para que les arrojasen algunas monedas tras finalizar sus actuaciones.

Precisamente, *Iluminadito* pasaportó tres novillos de Lastur, en la plaza de su pueblo; una tarde que actuó de sobresaliente *Pedrucho de Eibar.* La temporada de 1917, figuraba como uno de los matadores de una cuadrilla juvenil guipuzcoana. En este mismo ciclo, finiquitó un novillo de Lastur, en Eibar.

Entre los cursos de 1921 y 1930, *Iluminadito* trabajó de banderillero de espadas segundones, cometido en el que se mostraba incansable. El mes de abril de 1935 resultó herido de cierta gravedad tras sufrir un accidente en un taxi de Granada en el que viajaba. Unos meses después su nombre aparecía en la prensa entre los citados a un juicio en los tribunales de Madrid, en el que se le acusó de estafa.

Sagarzazu, Julián

Julián Sagarzazu (Fuenterrabía), fue uno de los tres novilleros anunciados para despachar una encerrona de la oportunidad, en el curso de 1918, en la plaza de Irun.

Seitrin

Seitrin es otro espada local, que no actuó más allá de las plazas de toros comarcales, y cuyo nombre aparece entre los protagonistas de una inusual tienta campera celebrada en Astigarrabía, en enero de 1915.

Sudupe

Al desconocido aspirante guipuzcoano, apellidado Sudupe, se le ha inventariado solo una actuación en el coso de Zarautz, el 15 de agosto de 1931.

T

Tuduri, Francisco

Francisco Tuduri Esnal es uno más de los aspirantes a la gloria taurina, nacido en la Villa de Tolosa, que practicó los fundamentos prácticos del Arte de Cuchares en los años sesenta. Para suerte de los aficionados a los toros y la literatura, unos cuantos años después publicó varios libros especializados en temática taurina, que sirvieron para inventariar la tradición taurina de Tolosa y Donostia.

U

Ubierna, Alberto. *El Gran Babali*

Una de las primeras apariciones del popularísimo torero aficionado, Alberto Ubierna *El Gran Babali* (Azpeitia), tuvo lugar el 15 de agosto de 1961, en una becerrada Pro Cabalgata de Pentecostés en la plaza de su pueblo. De nuevo, cinco años después, volvió al mismo escenario, aunque hubo que esperar al mes de agosto de 1974, para en unión de Santiago Mayor y Morenito del Boulevard, viera su nombre entre los actores del último festival celebrado en una plaza portátil, instalada en Ondarreta, con capacidad para 4000 espectadores, en el primer aniversario de la clausura de 'El Txofre'. De igual manera en 1991 fue uno de los actores del homenaje que se tributó en Azpeitia a Santi *El de la Cepa,* tarde que no se despistó ni un solo segundo y consiguió dos trofeos.

Uzkudun, haciendo el paseíllo.cxii

Uzkudun, Paulino

Paulino Uzkudun Eizmendi (Regil, 1985 - Madrid, 1985), gran boxeador guipuzcoano, fue un excelente aficionado a los toros. En sus años juveniles destacó también como *aizkolari*. No solo tenía numerosos amigos, miembros del planeta taurino, sino que apoyaba con su presencia las actuaciones de muchos de ellos. Así, con motivo de las fiestas de San Juan de 1926, apareció sobre las arenas de Tolosa, de primer espada, junto al portero del equipo de futbol de la Unión Deportiva de San Sebastián, dispuesto a finiquitar, a estocas, puñetazos o patadas, dos ejemplares de Cobaleda.

V

Ignacio Valenzuela entrando a matar uno de los becerros.cxiii

Valenzuela, Ignacio

Ignacio de Valenzuela (Zaragoza) fue uno de los señoritos toreros, veraneante habitual de San Sebastián, donde aprovechaba las funciones taurinas que promovía la alta sociedad guipuzcoana y madrileña, para empuñar el estoque, al menos, en dos becerradas benéficas anunciadas en 'El Txofre'. En una de ellas, en el curso de 1916, tuvo que pasaportar tres enemigos. Y en el curso siguiente, contó con la ayuda de nada menos que *Joselito y Cocherito de Bilbao*.

Este "distinguido" aristócrata participó en otro festival en la capital de España, a beneficio de los Exploradores en junio de 1913. Un par de años después, volvió a estoquear una "becerrada de convite" a beneficio de la Escuela Católica de San Lorenzo, tarde en que se convirtió en el héroe de la función.

Vega, Francisco

Francisco de la Vega (Irun) fue uno de los miembros de la terna que recorrió las arenas de la plaza de Irun, en un festejo de noveles anunciado en mayo de 1918, de quien se desconocen mas aventuras taurinas.

Velasco, Teodoro. *Tolosanito*

Teodoro Velasco es otro aspirante, cuyo apodo desvela su origen geográfico. Pisó el ruedo *tolosarra* el 28 de septiembre de 1940, vestido de seda y oro. Ocho años más tarde todavía participó en una nueva becerrada promovida en la misma localidad. Al final, en los *Sanignacios* de 1957, Velasco realizó el paseíllo, de sobresaliente de espada, en un mano a mano que protagonizaron los hermanos Paco y Carlos Corpas. Asegura el especialista en literatura taurina, Francisco Tuduri, que era *"todo pundonor a pesar de que la mala suerte se cebó con él"*.

Z

Zorita, Raúl

Raúl Zorita Conde (San Sebastián, 1970) es uno de los matadores de toros nacido en la capital guipuzcoana, aunque desde niño reside en Zaragoza; ciudad en la que ha desarrollado la mayor parte de su carrera taurina. Y fue en esta metrópoli donde dio sus primeros pasos taurinos, previo aprendizaje en la Escuela Taurina del Carmen. Unos años después, y siguiendo los consejos de su padre, comenzó a lidiar en las plazas de su propio entorno geográfico.

Gracias a su estilo refinado, Zorita debutó con picadores en Calahorra, a comienzos de la temporada de 1987 (*Niño de la Taurina* y Julio Aparicio con novillos de Piriz). En el curso de 1988, recibió la alternativa en Huesca (Manzanares y Julio Robles, con bureles de Jandilla), ceremonia que refrendó en Las Ventas, la temporada de 1991. Después, varias temporadas sin destacar tanto como se esperaba, salvo en Zaragoza. En la temporada de 1991, tras cosechar un estrepitoso fracaso en Marid, decidió retirarse y finalizar la carrera de Derecho. Por último, ha ejercido de apoderado de toreros, y de empresario taurino, principalmente en las provincias aragonesa y navarra, a través de la empresa, Aragón Toros.

Zuazola, Pedro de

Pedro de Zuazola (Azkoitia) era el alcalde de su ciudad natal, donde coincidiendo con algunas celebraciones festivo-religiosas, acostumbraba a torear montado a caballero, en alguna ocasión junto a Alonso de Idiákez.

Cartel en el que figura Zuloaga.[cxiv]

Zuloaga, Ignacio. *El Pintor*

Ignacio Zuloaga Zabaleta (Eibar, 1870-Madrid, 1945) fue un aficionado práctico a los toros, que compartía con el arte pictórico, su verdadera vocación. [cxv]Con excesiva frecuencia se olvidaba que había estado a punto de perder una pierna como a consecuencia de las secuelas que le había dejado una flebitis mal curada, y los múltiples achuchones sufridos en sus años de espada *amateur*; los cuales, al menos en dos ocasiones, le tuvieron postrado en la cama durante varios meses, mientras residía en París.

Al pintor eibarrés le gustaba alardear de sus hazañas taurinas. Entre ellas, de la que protagonizó el invierno de 1907, en la ganadería del Marqués de Villagodio, donde afirmaba había trasteado en solitario, nada menos que veinticuatro becerras. Su entusiasmo por la fiesta brava, le permitió conocer a sus principales protagonistas, entre los que se encontraban los ganaderos bilbaínos, marqués de Villagodio y Félix Urcola. Ya unos años antes, acostumbraba a acompañar a Juan Belmonte y Domingo Ortega, en sus excursiones camperas; faenas de las que nunca se marchaba sin estirar la capa, a veces bajo la supervisión de su ahijado, Rafael Albaycin. Otros escenarios a los que acudía con cierta regularidad eran las ganaderías de Miura, Aldeanueva y Navalcaide, propiedad de Ortega.

Zuloaga fue un estoqueador de toros malogrado. Y así lo dejaron reflejado algunos de sus amigos, entre los que se encontraba Antonio Díaz Cañabate, en una de sus crónicas en la que resume la trayectoria taurómaca del pintor:

"...porque Zuloaga fue un torerillo malogrado, como tantos otros. He visto torear a Zuloaga pasados los setenta años de edad. Toreaba como los toreros que tan insuperablemente pintó" (...) "Sabido es que su gran afición fueron los toros, que tomó lecciones y mató novillos en la escuela taurina que en Sevilla instaló Manuel Carmona El Panadero, hermano de El Gordito, el que ideó el quiebro con las banderillas".[cxvi]

El propio artista recordó su afición a la Lidia práctica, tal como confesó al anterior revistero madrileño:

"No fui torero porque el ser torero es mucho más difícil que ser pintor, y conste que considero la pintura como algo dificilísimo. Más de ochocientos cuadros he pintado en mi vida. No sé si buenos o malos. Lo que sí sé es que los hubiera dado todos por una gran faena de muleta. Y no fui torero porque presentí que nunca llegaría a realizarla".

Por su parte, en una comunicación postal que Sebastián Miranda remitió a Juan Belmonte, el escultor analiza la pasión de Zuloaga por sortear ganado bravo:

"Creo que hubiese cambiado toda su pintura por haber matado en la plaza de toros de Madrid un toro, en la corrida de la Beneficencia, y verle rodar con las cuatro patas al alto y el tendido lleno de pañuelos".

Y para demostrar la afición del artista a la fiesta taurina, queda el cartel anunciador de una de las encerronas que protagonizó en Sevilla, el 17 de abril de 1897, ciudad en la que residió entre 1893 y 1898. Por lo tanto, es entendible que el tiempo que residió en la ciudad de la Giralda, el pintor guipuzcoano se relacionase con los numerosos aprendices del Arte de Cuchares, mientras asistía a la Escuela de Tauromaquia de la Puerta de la Carne, en el barrio de San Bernardo, muy cerca del matadero. Es indudable, que estos mismos días, soñó con abandonar los pinceles para empuñar el capote y la muleta. En cualquier caso, se asegura que en esta época llegó a dar muerte a estoque a diecisiete novillos en otros tantos festejos pueblerinos, en uno de los cuales resultó herido de cierta gravedad, lo que le debió hacer recapacitar y, tal vez, cortarse la coleta con precipitación.

Todos los años que mantuvo abierto su estudio en Alcalá de Guadaira y Sevilla no dejó de pintar retratos de toreros, y otras escenas taurinas, entre los que se encontraban los correspondientes al *El Panadero y Gallito*. De este mismo período, solo se conservan cinco cuadros de temática tauromáquica catalogados, uno de ellos: *Víspera de la Corrida,* que fue Premio del Rey, en la Exposición de Arte de Barcelona de 1898.

En la Exposición de Bellas Artes correspondiente al año de 1897, en su apartado taurómaco, se exhibió un cuadro del pintor de Eibar, junto a las obras de otros reconocidos artistas, entre los que sobresalía la correspondiente a Benlliure. En este evento Zuloaga presentó sus lienzos*: Retrato de Coriano y Ante los toros.*

La siguiente etapa de Zuloaga prosiguió en Segovia, ciudad en la que residió entre el verano de 1898 y 1916, tal vez buscando la cercanía y consejo de su tío, el ceramista Daniel. En esta época, el pintor guipuzcoano materializó al menos catorce cuadros de inspiración taurófila, ente los que sobresalen, obras tan conocidas como:

Preparativos para la corrida, Toreros de pueblo, El matador Pepillo, El Corcito, El Segovianito, Torerillos de Turégano, En la corrida, o *La Víctima de la fiesta...*

El 14 de julio de 1914, Ignacio Zuloaga abrió un caserío-estudio en las afueras de Zumaia, Santiago Etxea; localidad en la que acabaría promoviendo varios festivales taurinos con el objetivo de ayudar a construir un hospital. Uno de los primeros, el mes de septiembre de 1917, tarde que actuó *Joselito.* En la edición de 1924, tomaron parte Juan Belmonte, *Algabeño*, Antonio Márquez, *Valencia II* y Antonio Cañero; tarde en que el *Pasmo de Triana* resultó cogido de gravedad.

De la misma manera, en los archivos de Santiago Etxea se conserva la colección completa de artículos periodísticos y correspondencia que el pintor mantuvo con los protagonistas del toreo: Belmonte, Cañero, Roberto Domingo, Cossío, Díaz Cañabate, Antonio Márquez, Rafael Albaycin, *Algabeño*, Sebastián Miranda, Villagodio, Urcola, Fernando Villalón...

Con la llegada de los meses invernales, que Zuloaga pasaba en Madrid, compartía tertulia con Julio Camba, Valle-Inclán, Azorín, Baroja, Pérez de Ayala, Marañón, Manuel Machado, Guitarte, Díaz Cañabate, Sebastián Miranda, Romero de Torres, Pérez de Ayala, Luis de Tapia, Antonio Casero, Corrochano...

En una de estas pláticas, en la primavera de 1919, en que se encontraba Juan Belmonte, el pintor le comprometió a que torease en Segovia, el día de San Pedro; plaza en la que nunca había actuado. Ignacio correría con los gastos que generase la organización del evento y su tío Daniel se encargaría de solventar todos los asuntos burocráticos, con la intención de que el dinero sobrante se donase a la beneficencia municipal. Así, De manera que los hermanos, Manolo y Juan Belmonte, estoquearon un encierro de Aleas, que pastaban en la finca segoviana de Aldeanueva. Como no podía ser de otra manera, acudieron al evento la mayoría de sus amigos.

Su asistencia a los festejos taurinos que habitualmente se corrían en Las Ventas, y a las tertulias posteriores, en compañía de un selecto grupo de aficionados, ayudaron a Zuloaga a ver pasar sus últimos años de vida. *Las Presidentas*, acta artística de un festejo celebrado en la Villa de Ayllón, fue su última obra de inspiración taurina. La pintó unos pocos meses antes de fallecer, el 31 de octubre de 1945. Su ultimo paseíllo partió de su estudio madrileño, a hombros de sus amigos más taurinos: José María Cossío, Fernando Guitarte, Juan Cristóbal, Domingo Ortega, Rafael Albaicín y Antonio Sánchez.

Cuarta Parte

Empresarios taurinos de San Sebastián

Pepe Arana, en 1897.

Hablar de San Sebastián y no hablar al mismo tiempo de Arana, es como hablar del empresario de Madrid, y no mentar a Ducazcal.

('La Lidia')

Arana

José Arana Elorza (Eskoriatza, 1839-1908) fue el principal impulsor de la plaza de toros de Atotxa, la cual abrió sus portones durante veintisiete temporadas consecutivas, entre los años de 1876 a 1902. Al mismo tiempo, ejerció de empresario de los frontones Beti Jai en Madrid y San Sebastián, así como de gestor del Teatro Real de Madrid durante varias temporadas. La prensa taurina le definió, repetidamente, como *"inteligente, activo, infatigable, reputado..."* y uno de los personajes más activos para atraer forasteros a las fiestas de San Sebastián, así al menos lo consideraba el periódico 'La Iberia'.[cxvii] Una dolorosa desilusión amorosa sufrida en Holanda le convirtió en *mutilzarra* (solterón empedernido).

En general, está aceptado que Pepe Arana fue uno de los pioneros en la utilización de las técnicas del marketing con el objetivo de promocionar los atractivos turísticos de la ciudad donostiarra, de manera especial entre las vecinas localidades francesas. En colaboración con el Ayuntamiento, se implicó en la invención, primero y promoción, después, de la Semana Grande, y de todos los actos que la complementaban, como los famosos fuegos artificiales – hoy acto central de las fiestas donostiarras de agosto-, o los concursos internacionales de música; festejos de los que se le considera inventor, con el objeto de incrementar el número de viajeros que, en paralelo, acudían a presenciar las corridas agosteñas. Y en el mismo escenario taurino, dispuso la celebración de conciertos de música, entre los que destaca el primer concurso musical que se celebró en el verano de 1886. Su inventiva le permitió programar el primer festejo taurino nocturno ~~que~~ del que se tienen noticias. Francisco Tuduri Esnal, en su libro recopilatorio de la historia taurina de la capital guipuzcoana, resumió algunos de los eslóganes publicitarios de los que se considera inventor al promotor taurino:
"Playa sin Rival", *"Población y costumbres patriarcales"*, *"Atmosfera perfumada por las montañas pirenaicas, saturada por la brisa del océano, que sustituye hasta la ciencia medica"*.

El afán del empresario por el impulso de la Semana Grande, le llevaba durante los meses invernales a realizar numerosas excursiones indagatorias a las principales capitales europeas, entre las que, casi siempre, incluía Venecia, Roma y Niza. Siempre trataba de descubrir en ellas algún espectáculo nuevo *"para estudiar* in situ *las innovaciones"*, que el siguiente año podría incorporar en los programas del Carnaval y agosto donostiarras. Al mismo tiempo, viajaba a la vecina localidad balnearia de Biarritz acompañado de algunos toreros. Según la revista taurina 'La Lidia':

"Arana se erigió en proveedor de festejos en San Sebastián, durante la canícula, hasta llegar a ser lo que es hoy: el alma y la vida de la capital de Guipúzcoa en la estación de baños". [cxviii]

También se atribuía al empresario de Eskoriatza la propagación de la afición a los toros en las ciudades francesas de Mont de Marsans, Bezieres, Nimes, Cauterets... De la misma manera, como prólogo a las celebraciones taurinas, al menos una hora antes de su comienzo, tal como informaba la revista 'Palmas y Pitos', animaba las calles de la Bella Easo con diversas acciones propagandísticas:

"Arana que es el empresario artista, el Bordenave de la Fiesta nacional, un alma generosa en sus costumbres y genio de la inventiva en sus espectáculos, lanza por todas las calles de la población una charanga que lleva el corazón, con su brillante música, el recuerdo del aire nacional; hace que despidan petardos y cohetes, desde todos los lados de la plaza, y los chiquillos vocean, pagados por él, los nombres de los toros y el alias de los matadores" [cxix]

Al parecer, cuando aún era muy joven, y por motivos que se desconocen, el futuro empesario taurino emigró a Madrid, donde se empleó de dependiente en una tienda de la calle Preciados. Por suerte, un imprevisto golpe de suerte le cambió el destino, porque cuando contaba 20 años de edad, le tocó el premio grande de la Lotería de Navidad de 1859: nada menos que 70.000 reales.

Gracias al capital inesperadamente acumulado, y a su caracter emprendedor, el hijo de Eskoriatza inauguró un modernisimo comercio de ultramarinos en el numero 9 de la misma calle en la que trabajaba -*Proveedor Universal*- del que pronto inauguraría una sucursal en la calle donostiarra de Elcano, en su número 13, esquina con el Boulevard. En el mismo espacio, inauguró una oficina bancaria y un despacho de venta de boletos para espectáculos teatrales y taurinos. Esta nueva actividad le llevó, sin buscarlo, a la organización de funciones taurinas, a través de la *Sociedad La Armonia*, de la que era accionista único.

Y fue su paisano, el escritor Antonio Peña y Goñi, en 'La Lidia', quien mejor describió el ambiente que se respiraba en el centro comercial polivalente de Donostia, un día de función de toros:

"Allí billetes de banco, allí monedas de oro y de plata, allí carteles, allí banderillas, allí moñas. En aquel reducísimo espacio que separa el escritorio del almacén de ultramarinos, se gasta más vida en seis horas que en todo San Sebastián en un mes. Aquello es un despilfarro de actividad que solo puede resistir la robusta naturaleza de Arana. Y en medio de aquel oleaje incesante, de aquel vaivén vertiginoso, el Empresario aparece siempre con una sonrisa estereotipada en los labrios, pero brotándole sangre los ojos y la mejillas" (...) *"Arana es un verdadero bienhechor de la capital de Guipúzcoa".*

En 1875, diceséis años después de que le tocase la Lotería y coincidiendo con el voraz incendio que redujo a cenizas la plaza de toros de Atotxa, inaugurada solo seis años antes en el distrito de San Martín, Arana levantó, con una capacidad inusitada, un nuevo escenario taurino en tan solo treinta días, con capacidad para 10.000 espectadores, que inauguró el 16 de julio de 1876. Seis años más tarde era el diario, 'La Correspondencia de España', el que alababa la capacidad organizativa de su paisano, más alla de los intereses toreros:

"Aquí está don José Arana que con su infatigable actividad anima y da vigor al toreo en esta comarca, quien, sea dicho de paso, ha restaurado completamente, el espacioso circo taurino, dejandolo en todas las condiciones, deseadas para los amateurs de estas lidias; contratando las mejores cuadrillas y directores, obteniendo de todas las compañías del Norte de España y Mediodía de Francia un servicio especial de trenes, de ida y vuelta a precios reducidos, con regreso a las 12.50 horas de la noche de San Sebastián para los de procedencia de todos los viajeros en cada día de corrida ".

La polivalencia de Arana no tenía limites. Su implicación en la organización y promoción de los concursos musicales veraniegos, *"de orfeones, músicas de armonía y charangas"*, que acogía el teatro taurino -en horarios continuados y muy bien iluminado- era innegable: el coso acogía bandas, fanfarrias y coros que llegaban de numerosos pueblos franceses y españoles, de manera que uno de los problemas a los que se enfrentaba en el estío de 1886, *"el empresario universal de los toros y de los teatros"* -a quien el alcalde, José Matxinbarrena, había nombrado: *"director del concurso, delegado especial, e iniciador y organizador de la fiesta"*-, era proporcionar alojamiento a los cerca de tres mil músicos forasteros que iban a participar en el Concurso Internacional de Música, complicación que solucionó con la ayuda de la *"administración militar"* que le proporcionó los catres necesarios en los distintos pabellones cuarteleros para acogerles. [cxx]

Entre las múltiples actividades desarrolladas por este singular patrón se encuentra la construcción, en pleno corazón del madrileñísimo barrio de Chamberí, del Frontón Beti Jai -*"el Teatro Real de los Frontones"*, a decir de Peña y Goñi. El *templo madrileño a la pelota*, obra del reputado arquitecto, Joaquín Rucoba[cxxi] y hoy día en estado ruinoso, se inauguró en los primeros días de junio de 1894 *"con un brillo y esplendor inusitados"*. De la misma manera, en esos mismos días, levantó un pequeño frontón descubierto en el paseo de la Zurriola, con el mismo nombre que el madrileño, que con posterioridad se reconvertiría en el Teatro del Príncipe. [cxxii]

En los primeros meses de 1897, Arana era uno de los empresarios que optaban al arriendo de la plaza de toros de Madrid.

Para su desgracia, en los primeros años del siglo XX se alzó una corriente de opinión contraria al empresario en Donostia, a quien los envidiosos reprochaban que siempre contrataba a los mismos toreros. Como consecuencia de este resentimiento, bastante extendido, se constituyó una nueva compañía con la misión de promover un nuevo espacio taurino.

A finales de 1901 ya estaban abiertas las negociaciones entre Arana y los promotores del nuevo teatro taurómaco. Tal como avanzaba el diario 'La Voz de Guipúzcoa', Arana habría accedido a "enajenar" su plaza mediante la presentación de dos proposiciones, cada una de las cuales recogía su manera de entender la actividad empresarial y su personalidad humana llena de matices éticos:

"Primera. Si la nueva sociedad quiere adquirir en plena propiedad mi plaza de toros de Atotxa, sus dependencias y todos los terrenos que la pertenecen, comprendido mi beneficio industrial por el traspaso del negocio. El importe será pagado en la siguiente forma: quinientas mil pesetas en metálico y las doscientas cincuenta mil restantes en acciones".

"Segunda. Si a la explotación del negocio se le quiere dar un carácter benéfico, pensamiento que me agrada sobremanera y por el estoy dispuesto a hacer el sacrificio, renunciando no solamente a los beneficios industriales que a fuerza de propaganda y novedades en los

espectáculos durante largos periodos de años han llegado a ser próspetos, sino despreciando también el valor real y efectivo de la plaza, fijo su precio de venta en la cantidad de 675.000 pesetas.

"En este caso, de los resultados de la explotación se establecería un interés regular al capital suscrito y al mantenimiento y conservación de la plaza y se desestimarían todos los demás beneficios a obras de caridad, como casas de beneficencia, asilos, socorros de pobres, naufragios, etc."

"Se respetarían las cantidades suscritas por los actuales accionistas y se abriría una nueva suscripción por un plazo prudencial hasta el completo de 750.000 pesetas de capital social. Si las suscripciones así hechas no llegaran al tipo indicado para el capital social, tomaría a mi cargo las acciones que faltaran" [cxxiii]

La respuesta de los promotores del nuevo coso fue solicitar una rebaja en la primera oferta presentada, a la que no accedió el patrón, quien, a su vez prometió ser generoso con el reparto de los beneficios que pudieran generar las corridas de toros ya programadas, en el caso de que llegasen a un acuerdo. El Consejo de la sociedad promotora envió una segunda proposición de 600.000 pesetas que el organizador taurino de nuevo rechazó.

Y así, llegó al verano de 1902, a punto de finalizar su etapa en Atotxa, momento en que se abrió a José Arana la posibilidad de optar al arriendo del Teatro Real madrileño. El pliego de condiciones que presentó, recogía el compromiso de regenerar el primer teatro de España con un programa de *"sesenta funciones de ópera"*, contratar a los mejores cantantes del mundo, y ofrecer 100.000 pesetas de fianza, el doble de lo que exigía el pliego de estipulaciones. Todo lo cual permitió que le otorgasen la gestión del coliseo regio por unanimidad, previa ratificación del acuerdo por parte del ministro de

Estado, señor Romanones. cxxiv Con gran rapidez la prensa especializada reconoció la capacidad organizativa del poli patrón: *"Podemos asegurar que la compañía formada por dicho empresario guipuzcoano, es la mejor y la más completa que se ha visto en muchos años y recuerda aquellos gloriosos tiempos del teatro de la plaza de Oriente".*

Cuando dejó el reino de los vivos, el 5 de diciembre de 1908, José Arana ya llevaba dos años retirado de todo tipo de negocios, de manera que los meses invernales los pasaba en Niza, y los veraniegos en San Sebastián, mientras disfrutaba de un merecido patrimonio que dejó íntegramente en herencia a su pueblo natal, con el mandato expreso de que con el mismo se construyera construyen una escuela y un hospital, además de acometer la traída de aguas.

El antiguo titular de tiendas de ultramarinos, plaza de toros, frontones, y teatros, dejó dispuesto en su testamento, que su última morada estuviese en su localidad natal y que *"se le enterrase con acompañamiento musical"*. Así, el día de su sepelio se formó un impresionante cortejo fúnebre, en el que destacaba la presencia de las bandas de Música Municipal de San Sebastián y de la Sociedad Unión Bella Iruchulo - que de manera habitual amenizaban los conciertos taurinos-. El cortejo recorrió el paseo de la Kontxa y la carretera que conducía hasta Eskoriatza. El diario 'La Correspondencia' resumió en pocas palabras su biografía: *"Vivía, fue feliz e hizo feliz a cuantos pudo"*cxxv

Por acuerdo unánime de todos los concejales del ayuntamiento donostiarra se promovió un homenaje popular en honor de José Arana, y se bautizo una calle con su nombre.

Sabino Ucelayeta.[cxxvii]

Ucelayeta

Sabino Ucelayeta Mendizábal (1866), prestigioso doctor en medicina, concejal del ayuntamiento donostiarra y vicepresidente de la Liga Foral Autonomista Guipuzcoana, estuvo involucrado en diversas y exitosas iniciativas empresariales en la provincia foral, entre las que se encontraban el Balneario de Zestoa y la emisora radiofónica EAJ 8, Radio San Sebastián, instalada en el monte Igueldo e inaugurada oficialmente el 4 de octubre de 1925 con estudios sitos en la Avenida de la Libertad 27, que unos años más tarde traspasó a Unión Radio. También participó en la salida a la calle del diario de inspiración monárquica, 'La Unión Vascongada'; así como en la constitución de la Sociedad Nueva Plaza de Toros de San Sebastián, promotora de 'El Txofre'.

En algún momento, Ucelayeta llegó a la conclusión de que la incomparable fiesta taurina *"era uno de los motivos más evidentes de la prosperidad de San Sebastián, pues son muchísimos los miles de duros que las corridas de toros ha traído aquí"*, y se quejaba de la poca colaboración que encontraba entre los comerciantes locales a la hora de promocionar las actividades taurinas.[cxxviii]

Los días finales de abril de 1906, Ucelayeta presidió un gran encuentro en Eibar promovido por la Liga Foral Guipuzcoana, al que asistieron más de 3.500 personas y en el que pronunció un elocuente discurso *"ensalzando al régimen foral y animando a los vascongados a unirse para combatir a los enemigos de Euskeria".*[cxxix] Mientras tanto continuaba ejerciendo de médico. Y lo mismo atendía la mordedura de un perro rabioso, que a un náufrago de Fuenterrabía a quien socorría con 50 pesetas de su propio bolsillo. Después, se convirtió en un forofo empedernido de la Real Sociedad C.F., hasta el extremo que de manera puntual incentivaba a sus jugadores con primas de hasta 100 pesetas cuando ganaban los partidos.

Ucelayeta era un hombre tozudo, de *"terquedad baturra"* tal como lo calificaron algunos revisteros taurinos. Una persona poco dada a dar la mano a torcer. Lo que hizo que, en numerosas ocasiones, chocase con los representantes de los toreros de primera línea (Belmonte, Pastor, Gaona...).

El consejo de administración de 'El Txofre' estaba en su origen constituido por Santiago Riego, que ejercía de presidente, José Antonio Loinaz, Felipe Ormazábal, Rubén Fernández Núñez, Francisco, José María Jardón, Juan Fernández, Antonio López San Miguel y Luis Blasco Sasera.

Las negociaciones para la adquisición del coso de Atotxa a Arana fueron muy dificultosas, pues en diciembre de 1902, el director de 'La Voz de Guipúzcoa', señor Navas, fue atacado a bastonazos por el propio Sabino Ucelayeta, para de esa manera, tan poco ortodoxa y educada, mostrarle su disconformidad con varios artículos periodísticos en los que se ponía en solfa la viabilidad del nuevo recinto taurófilo.

Al final, la plaza de toros de 'El Txofre' se inauguró el 9 de agosto de 1903, de acuerdo con un proyecto del arquitecto Francisco de Urcola, con capacidad para 13.500 espectadores. Ucelayeta ejerció de presidente del consejo de administración hasta la temporada de 1927, en que arrendó el ruedo a Eduardo Pagés, a cambio de un canon de 125.000 pesetas anuales. En esta empresa tenía una pequeña participación Gómez de Velasco. En 1945, tras el fallecimiento del empresario catalán, se hicieron cargo del escenario taurino los hermanos Martínez Elizondo, hasta que en 1951, lo adquirió la empresa, Nueva Plaza de Toros de Madrid.

No obstante, la gestión de Ucelayeta al frente de 'El Txofre' no fue demasiado brillante. Se le achacaba su facilidad para indisponerse con las principales estrellas del firmamento taurino. A Belmonte, después de una actuación colosal el año anterior no quería pagarle los 18.000 reales previamente pactados. El conflicto con Belmonte, ausente durante varias temporadas de 'El Txofre', a quien le había tenido que indemnizar con 37.000 pesetas en la temporada de 1913, como a consecuencia de un malentendido con su apoderado, que cometió el error de firmar dos contratas para torear el mismo día en Donostia y Bilbao. Tuvieron que transcurrir varios años para que se sustanciase el conflicto de intereses mediante la cesión gratuita del coso al espada trianero, para que organizase por su cuenta y riesgo el primer festejo de la temporada, al que además debió subvencionar con 8.000 pesetas, para compensarle por los daños económicos causados, y poder restablecer las relaciones.

En realidad, Ucelayeta había apostado por *Joselito*, quien a su vez siempre imponía a su hermano Rafael en las combinaciones, y por quien se afirmaba estaba "dominado". Así al menos lo aseveraba la revista, 'Palmas y Pitos':

"Los intereses de San Sebastián, íntimamente ligados a los festejos que atraen a los forasteros, no pueden resultar lesionados por las exigencias de Los Gallos y las complacencias de la Empresa. Esta clase de procedimientos, son merecedores de la más enérgica censura, porque acreditan poca nobleza, impotencia, mala intención y falta de consideración y respeto a un público que hasta ahora ha pecado de complaciente y correcto con quien trata de perjudicarle". [cxxx]

La reconciliación entre Belmonte y Ucelayeta llegó en la temporada de 1933 cuando, una vez olvidadas las rencillas, el diestro le dedicó un brindis al empresario y comerciante guipuzcoano y permitió que le devolviese la montera con un billete de 1.000 pesetas.

Domingo Ortega, entre Eduardo Pagés y Mariano Benlliure, escultor del trofeo, recibe por primera vez el trofeo Toro de Oro, en la terraza de La Perla. Fotografía de Marín Pascual. cxxxi

Pagés

Eduardo Pagés Cubiña (Barcelona, 1891- San Sebastián, 1945) era un hombre de gran corpulencia, inteligente, dialogante, de gran iniciativa, y más imaginación, que controlaba el devenir de numerosos circos taurinos, así como los intereses de algunos destacados lidiadores.

Uno de los primeros contactos de Pagés con el Arte de Cúchares que se conocen, se remonta al año de 1909, cuando ejercía de secretario del Circulo Mazzantini de Barcelona. El futuro empresario inició su actividad profesional como revistero del semanario 'El Miura', en el que, antes de ejercer como director, firmaba con el seudónimo de *Don Verdades.* De igual manera, entre 1918 y 1930, colaboró en las revistas 'El Arte Taurino de Madrid' y 'Zigzag'. Al mismo tiempo, fue autor de varios libros de temática taurófila y teatral: *"Joselito o Belmonte ¿Cuál de los dos?"*; *"Dominguín, su arte y sus éxitos"* (1918), "La República del Toreo" (1931), y del libreto de zarzuela, *"Salustiano Patrono"*, al que pusieron música, Jacinto Guerrero y Augusto J. Vela. Esta obra se estrenó en el Teatro Martín de Madrid, el 24 de marzo de 1920.[cxxxii] En esa misma época dirigía los escenarios teatrales capitalinos, Fontalba y Maravilla.

Una de las primeras iniciativas del escritor, empresario, y corresponsal de la revista 'Palmas y Pitos', tuvo como escenario a la plaza de Marsella, en la que promovió una función de toros, en el mes de mayo de 1915.

Otra de las actividades promovidas por Pagés, la temporada de 1916, fue el espectáculo cómico- taurino: *Charlot's, LLapisera y su Botones*, personaje principal que interpretaba el ex novillero, Carmelo Tusquellas Forcén, que comparecía sobre la arena ataviado con una vestimenta similar a la que utilizaba Charles Chaplin en sus *films.* También inspiró los espectáculos cómico-taurinos: *El Empastre, El*

Chispa y su Botones; El Bombero Torero y Fatigón y su Tonto.
Asimismo promocionó el toreo femenino, que exportó a los cosos americanos.

La visión monopolística del negocio taurino le convirtió en exclusivista de algunas de las principales figuras del toreo, entre las que se encontraban: Juan Belmonte -cuando reapareció en 1925 y 1934-; Rafael *El Gallo* – a quien firmó una exclusiva de 30 festejos en el ciclo de 1934- y Domingo Ortega.

Pagés consiguió programar las ferias taurómacas de Las Ventas (1933-1934), Sevilla (1933-1959), San Sebastián (1927-1946), Barcelona, Valladolid (1925), Salamanca, Santander (1927), Vitoria, Gijón, Cáceres, Málaga, La Línea de la Concepción (1927), Bayona, Mont de Marsans, Dax, Nimes...

En una de sus primeras iniciativas, en el curso de 1918, el ex periodista catalán tomó en subarriendo el circo de Las Arenas barcelonesas durante los meses invernales, nombrando representante en Madrid al apoderado vasco, Victoriano Argomaniz. Al que entonces se calificaba de *"brillante escritor taurino"*, la revista 'La Lidia', le consideraba *"un empresario, heroico, valiente y progresista"*.

En 1927, el presidente de la Sociedad Anónima Nueva Plaza de San Sebastián, Sabino de Ucelayeta, arrendó 'El Txofre' a Pagés, quien, entre otras novedosas iniciativas, instauró una Corrida de Concurso de Ganaderías, en la que se ponía en juego el trofeo el Toro de Oro, que consistía en una escultura de Mariano Benlliure. Al mismo tiempo, premiaba la mejor faena de la Semana Grande, mediante votación popular, entre todos los asistentes a los festejos.

Entre las iniciativas de Pagés, en los primeros años al frente al coso de San Sebastián, promovió un función Goyesca, que en la edición de 1928, contó con la complicidad de Ignacio Zuloaga, quien dibujó en el centro del ruedo un cuadro que representaba al celebre *Martintxo.* A su vez, frente a la presidencia, se colocaron dos colosales reproducciones de un retrato de Goya, y de una maja de vestida que, con exquisita perfección, había trazado el pintor Mauricio Flores Kaperotxipi.

En la inigualable puesta en escena destacó la aparición sobre la arena de tres calesas ocupadas por varias señoritas, pertenecientes a la mejor sociedad donostiarra y madrileña, que lucían unos originales tocados, en los que destacaban la peineta y mantón de manila, en representación de las sociedades Unión Artesana, Euskal Billera, Umore Ona, Donostia Zarra, Donostia Berri y Circulo Mercantil. Entre las "majas" que presidieron la función se encontraban las hijas del presidente del Consejo de Ministros, Carmen y Pilar Primo de Rivera. Estos mismo días se fundó el Club Taurino de San Sebastián, en los locales de la Unión Artesana.

A la par, bajo el mandato del promotor catalán, el teatro taurino easonense, alcanzó las cotas de excelencia más altas de su historia, gracias a las sinergias que generaban las plazas de toros Sevilla y Madrid.

En 1928, se convirtió en criador de ganado bravo, tras adquirir la divisa de Francisco Molina; hierro que presentó un año después en La Maestranza. La temporada de 1929, Pagés pagaba 125.000 pesetas por el arrendamiento del coso guipuzcoano, sociedad en la que contaba con alguna pequeña participación accionarial.

En la temporada de 1930, 'El Txofre' inauguró sus instalaciones con luz artificial. Uno de sus principales peones de la empresa taurina era el abogado Gómez Velasco.

La temporada de 1933, Eduardo Pagés se hizo con el control de Las Ventas. Y el mismo año, arrendó la Real Maestranza de Caballería de Sevilla durante cuatro años a cambio de 30.000 pesetas por temporada. El contrato continua en vigor hoy en día.

Sin embargo, la crisis que azotaba a las celebraciones taurinas y el pleito que mantenía con los ganaderos de la Unión de Criadores de Toros, le pusieron en una situación muy comprometida. Para evitar el boicot al que le sometían los criadores de ganado bravo, a principio de 1934, solicitó la ayuda de Juan Belmonte, que se encontraba en Suiza, con quien se entrevistó en París, y a quien convenció para que reapareciese. Por su parte, los ganaderos de la Unión se negaban a correr sus reses en el principal escenario madrileño; boicot que ampliaron al espada trianero. Por su parte, el patrón y el Pasmo de Triana, habían acordado que el primero no lidiaría el ganado de los criadores boicoteadores en sus plazas, y el espada tampoco torearía sus vacadas en ningún coso. Sin embargo, a mediados de julio, Pagés se vio forzado a renunciar a la gestión de Las Ventas como consecuencia de las presiones que los ganaderos ejercían sobre las autoridades políticas y las instituciones propietarias de la plaza capitalina.

En los primeros días de 1935, Pagés viajó a París para entrevistarse con Domingo Ortega y su apoderado, Domingo Dominguín, a quien esperó a pie de la escalerilla del trasatlántico en el que llegaban de ultramar. Esta temporada, tenía escriturada la reaparición de Rafael *El Gallo,* a quien había firmado veinte festejos, incluido el correspondiente al domingo de Resurrección en Sevilla. Además, había apalabrado otras franquicias con *Armillita*, y los hijos de Sánchez Mejías y Belmonte.

Tan pronto como estalló la Guerra Civil, Eduardo Pagés se puso a resguardo en el sur de Francia, donde gracias a su competencia profesional se enfrascó en la programación de funciones taurinas en los anfiteatros de Mont de Marsans, Bayona... Los inviernos de 1937 y 1938, viajó a Venezuela, en compañía de Domingo Ortega y Juanita Cruz. Una vez terminada la guerra, y en sociedad con Nicanor Villalta, arrendó el circo de Zaragoza. En 1944, fue uno de los encargados de restablecer las relaciones taurinas hispano mexicanas.

La corrida de toros dispuesta con motivo del 18 de junio de 1939, en Bilbao, que presidieron el general, José López Pinto, y José Félix de Lequerica, embajador de España en París y ex alcalde de la Villa, fue promovida por Eduardo Pagés, al alimón con el bilbaíno Juan de la Cruz, por delegación de la Comisión de Festejos de la Liberación, a pesar de que uno de los hermanos de Pagés, periodista de profesión, se encontraba exiliado en Cuba.

Manuel Rodríguez *Manolete* se mantuvo en activo la temporada de 1947, en parte para corresponder a la ayuda que cuatro años antes, le habían prestado un amplio número de pequeños empresarios taurinos, cuando Pagés vetó sus actuaciones en las plazas bajo su control, porque su apoderado, Pepe Cámara, imponía en las contratas que ningún otro torero cobrara una sola peseta más que él cordobés.

Al mismo tiempo, Domingo Ortega, que llevaba varios meses retirado, aceptó una suculenta propuesta de Pagés para volver a enfundarse la taleguilla; escritura que establecía que recibiría un porcentaje de la recaudación que se obtuviera los días que vistiera de luces en los cosos del empresario, lo que hacía que en ocasiones percibiese más dinero que el maestro cordobés.

Antes de arrancar la campaña de 1944, cuando Pagés quiso renovar el contrato, Manuel Rodríguez exigió le abonase la diferencia dineraria que había dejado de percibir la temporada anterior en los escenarios en los que había pagado más dinero al maestro de Borox que a él mismo.

En los primeros momentos, el promotor taurino no se avino a abonar un céntimo más de la cantidad inicialmente pagada. Y además, vetó las actuaciones del torero cordobés en los circos bajo su control, hasta que sufrió un descenso vertiginoso en el número de asistentes en los espectáculos que no protagonizaba *Manolete*. No tuvo más remedio que, humillado, viajar a la capital califal para entrevistarse con el estoqueador, a quien entregó un cheque por la diferencia de honorarios que le adeudaba. En cualquier caso, a pesar de estar vetado por Pagés, Manuel Rodríguez sumó 71 corridas

Tras el fallecimiento del organizador taurino, le sustituyeron, al frente de la plaza donostiarra, los hermanos Martínez Elizondo *'Chopera'*, quienes se vieron obligados a indemnizar a los herederos de Pagés -una hija, una hermana y una sobrina-, por la rescisión anticipada del contrato de arrendamiento del coso. En estos momentos, Exclusivas Pagés controlaba los anfiteatros de Sevilla, Valladolid, Salamanca y Gijón. Unos meses antes de su desaparición, tenía muy avanzadas las negociaciones para la adquisición del circo taurino de Dax, a cambio de 25.000 pesetas.

Pablo Martínez Elizondo *Chopera* y, Manolo Martínez Flamarique *Chopera* entre sus hijos, Pablo y Oscar. Fotografía de Cano.

Choperas

La Chopera es un árbol castellano, alto y recio como Severino Martínez. Es evidente que este nombre no tiene nada que ver con un poblado de álamos, ni con la etimología con que los italianos bautizaron el fusil. Según el escritor Manuel Llano Gorostiza, el origen de este alias proviene del *schopen* holandés, del recipiente en el que se servía la cerveza, desde donde se transmitió a Francia con el nombre de *Copel de bier*, *pinchel* en castellano, y *pichola* en gallego; y desde allí a San Sebastián, cuando el cervecero Benito Kutz instaló en el barrio del Antiguo una fábrica de hielo y cerveza originaria de Estrasburgo, establecimiento en el que Severino, parroquiano habitual, tenía la costumbre de llamar *chopera* a un grueso vaso de cristal, alto y redondo, rodeado de estaño, que cubría su parte superior con una tapa metálica que impedía se colasen las moscas, cuando acudía los jardines de la cervecería que comercializaba la marca '*El León*'.

Cuenta la leyenda que en los primeros años del siglo XX, cuando el vino se servía todavía a granel, que Severino, muy amante de la higiene, obligaba a que colocasen en todas las tabernas que frecuentaba, incluidos el almacén y fonda de Estanislao Aseguinolaza, en Salvatierra, un vaso de cerveza o *chopera*, con objeto de consumir el vino con pulcritud Este hábito saludable es el que permitió que le bautizasen con el alias de *Chopera*

Severino Martínez (Salvatierra), el fundador de la dinastía de empresarios taurinos a quien se conoce como *chopera*, tenía fama de hombre serio y trabajador. El paso de los trenes y diligencias que, a diario, cruzaban la llanada alavesa, le impulsaron a subirse a uno de ellos dispuesto a "*hacer las Américas*" en San Sebastián. Así, Severino, trabajador incansable, inició su actividad profesional en la empresa de transportes de Juan Antonio Arregui e Hijos, radicada en Azpeitia; compañía en la que ejerció los oficios de cochero, cobrador, y administrador al mismo tiempo.

Sus amplios conocimientos acerca del negocio del transporte pronto le permitieron convertirse en su propio patrón. De manera que una de sus primeras iniciativas fue conseguir que le adjudicasen la contrata para la recogida de basuras en la capital guipuzcoana, actividad que compatibilizaba con la cría y alquiler de animales de tiro y carga.

Hombre emprendedor y con visión de futuro, Severino Martínez amplió sus actividades industriales al transporte de ganado bravo y de caballos de picar en las plazas de toros de Donostia, Azpeitia, Tolosa…; actividades que ejecutaba con unos pesados carros tirados por unos poderosos alazanes, desde su cuartel general, situado a medio camino entre las localidades de Tolosa, Azpeitia y Vitoria.

Una vez introducido en el planeta taurino a través de las contratas de jamelgos de picar, amplió sus fronteras fabriles a la organización de espectáculos taurinos. Uno de los primeros cosos en los que impulsó una novillada fue en el de Irun en la temporada de 1914. Dos años después extendió esta actividad a Tolosa, donde nació su hijo Pablo. En este recinto, los años siguientes siguió programando algunos festejos más con la participación de varios novilleros vizcaínos.

Desgraciadamente, el 18 de agosto de 1930, cuando el patriarca *Chopera*, transportaba seis jaulas, con otros tantos bureles de la casa salmantina de Alipio Pérez Tabernero, al circo taurino de Almería, donde estaba prevista su lidia, se derrumbó un puente colgante de dieciséis metros de altura, que unía las orillas del río Guadalquivir, a la altura de la localidad de Menjibar (en el término de Jabalquinto) justo en el momento en que lo cruzaba con un pesado camión. Como consecuencia de este desdichado accidente, Severino, sus acompañantes y la manada de cornúpetos que transportaban, cayeron al río. No pudo salvar su vida. Afortunadamente, su hijo Manuel, que conducía un segundo vehículo, salvó su vida de milagro al tomar un desvío que le recomendó un hombre que empuñaba un farol, aunque sin tiempo para avisar a su progenitor.

Junto a Severino, viajaban el mayoral de la ganadería, Ángel Pérez; el conductor, Valentín Villazón, y el hijo de éste último, Antonio, el único que resultó ileso. La muerte de *Chopera* causó una enorme conmoción en la capital guipuzcoana donde era una persona muy conocida. [cxxxiii]

Severino tuvo tres hijos varones -Antonio, Pablo y Manuel Martínez Elizondo- quienes contribuyeron a incrementar la actividad empresarial de su padre, porque, tras la muerte de su progenitor, se hicieron cargo de la empresa familiar. De entre ellos, destacaba Pablo (Tolosa, 1894-Pamplona, 1968), de carácter enérgico, inteligente, recio, y hombre de palabra para quien eran innecesarios los contratos escritos. Su palabra era su mejor aval. En su juventud había ejercido de monosabio de la plaza de Donostia. El propio Pablo *Chopera* prestó su coche la madrugada del 28 de agosto de 1947 a Doña Angustias Sánchez, la madre de *Manolete,* para que se trasladase desde San Sebastián a Linares, en compañía del conde Villa Padierna y del propio empresario. La carrera del diestro finalizó en los pitones de 'I*slero'*. Desde los primeros días de agosto, veraneaba en villa 'Iru', en Miracontxa, junto a una hermana y tres nietas. La tradicional y tardía llamada post corrida la dejó la sangre helada al conocer la grave cogida de su hijo. Sin saber realmente el estado de su hijo partió a las 23.30 horas.

Por su parte, Manuel (Vitoria) era el encargado de la selección de los bureles de lidia, así como de aprobar los caballos de picar. A la vez, ayudaba a Pablo en la organización de los festejos. Tenía un carácter más bromista que sus hermanos, si bien a veces resultaba algo seco. Colaborando en todas las tareas que fuera menester, en el coso de

Haro resultó cogido de gravedad cuando trabajaba de monosabio. Falleció el 28 de noviembre de 1974.

Y en tercer término, Antonio (Azpeitia), que se encargaba de la ganadería de reses bravas y de las diversas faenas agrícolas. Era una persona austera y noble como corresponde a una persona que residió durante muchas décadas en la finca familiar *El Ventorrillo* (Tudela).

En el momento en que heredaron la empresa paterna, los hermanos Martínez Elizondo contaban con la contrata de caballos de las plazas de toros de Pamplona, Donostia y de otras ciudades francesas. Hasta que decidieron priorizar la organización de espectáculos taurinos, a partir de los *Sanfermines* de 1933, cuando Pablo Martínez, demostró una gran mano izquierda en la solución de un grave conflicto surgido entre la Casa de la Misericordia, propietaria del coso pamplonés y los apoderados de Domingo Ortega y Victoriano de la Serna, quienes se habían negado a que sus pupilos toreasen esos días. El empresario *tolosarra*, contra todo pronóstico, consiguió promover una corrida extraordinaria, el 15 de julio, fuera del abono, en la que actuaron los espadas disidentes, quienes se midieron a un encierro de Arturo Sánchez Cobaleda. A partir del año siguiente, y durante cuarenta y seis temporadas más, los hermanos *Chopera* prosiguieron gestionando el recinto pamplonica hasta que La Misericordia decidió retomar la gestión.

En el curso de 1934, los contratistas de caballos ultimaron dos festejos en una plaza portátil, instalada en las afueras de Toulouse, los días 18 de marzo y 8 de abril.

Desde la fundación del teatro bilbaíno de Vista Alegre, en 1882, y hasta la temporada de 1950, era la Junta de Administrativa de esta plaza la promotora de las celebraciones taurinas; hasta que en esta última edición la cuenta de resultados ofreció pérdidas. Por eso se planteraron de inmediato algunos interrogantes que sobrepasaban su capacidad organizativa, comenzando por los monopolios que formaban las grandes empresas y en segundo término, como consecuencia de la contratación de los toreros a través de exclusivas. Finalmente, por la actitud de algunos ganaderos de primer nivel que dificultaban la organización de los festejos taurófilos de manera independiente. Por consiguiente, la sociedad propietaria del coso acordó su arriendo al mejor postor, que el primer año resultó ser la empresa de los hermanos Martínez Elizondo.

Así, la primera corrida organizada por la familia *Chopera* en el circo bilbaíno de Vista Alegre tuvo lugar el 20 de agosto de 1950 (toros de Atanasio Fernández, que estoquearon Luis Miguel Dominguín y José María Martorell; tarde en la que cada uno de los actuantes consiguió un trofeo).

En las siguientes temporadas, los promotores guipuzcoanos siguieron programando las funciones con normalidad, salvo un paréntesis de cuatro años, en los que asumió la gestión del recinto el 'Club Cocherito', los dos primeros ejercicios, y la empresa Plaza de Toros de Madrid, S.A., los dos siguientes. A partir de la temporada de 1956, los *Chopera* volvieron a retomar las riendas del redondel de Abando.

Cuando fallecieron los hermanos Pablo, Manuel y Antonio Martínez Elizondo, la empresa familiar se dividió en dos. Por un lado, se quedó la constituida por los hijos de Pablo *Chopera* -Manuel y Jesús-; y por otro la de los vástagos de Manuel Martínez Elizondo -José Antonio y Javier. A los hermanos, Martínez Flamarique, se les conocía popularmente como los *Chopera;* y a sus primos, los Martínez Uranga, por los *Choperitas.*

Jesús *Chopera* (San Sebastián, 1925) se licenció en derecho por la Universidad de Zaragoza, y en Ciencias Políticas y Económicas, por la Universidad de Madrid. Durante varias décadas ejerció de Letrado Mayor del ayuntamiento de San Sebastián. Persona de inquietudes culturales, su firma aparecía con frecuencia al pie de artículos de carácter gastronómico y turístico. Su nombre estaba ligado a la Cofradía Vasca de Gastronomía y al Centro de Atracciones Turísticas (C.A.T.). Dentro de la empresa familiar, se encargaba de las finanzas y la organización interna, con la ayuda de los últimos avances en informática, los cuales le permitían contar con un gran archivo en el que tenía recogidos los más mínimos detalles organizativos relacionados con los festejos que promovían.

Por su parte, Manuel Martínez Flamarique (San Sebastián, 1927-2002), era licenciado en Ciencias Físicas por la Universidad de Zaragoza e Ingeniero Químico por la de Toulouse. Manolo *Chopera* era el que más se parecía a su padre: dinámico, organizado, con gran capacidad de trabajo. Era alto, fuerte, y duro en las negociaciones, características que administra, a la vez, con diplomacia y puño de hierro. Al mismo tiempo, y en la misma proporción, era amado y temido por los profesionales del toro. Su prodigiosa memoria, ~~la~~ complementada con una libreta de tapas de hule negro, en la que registraba los teléfonos de los principales actores del planeta taurómaco, le permitía organizar las ferias, e improvisar sustituciones de manera casi automática. A su jornada laboral le faltaban horas suficientes para atender a los apoderados, ganaderos, matadores, periodistas, o aficionados que de manera constante demandaban su atención.

El coso de Bilbao, con un breve paréntesis para explotar Las Ventas, es la plaza más emblemática que ha regentado la familia *Chopera*, lo que   les ha permitido mantener su prestigio de gestores y su expansión organizativa a los teatros de taurinos de España, Francia y América. La desaparición de Manolo *Chopera* tuvo una gran resonancia mediática, que incluso reflejó 'The Economist'.[cxxxiv]

La ganadería de los hermanos Martínez Elizondo pastaba en tierras de Tudela (Navarra). Y la correspondiente a los Martínez Flamarique en la finca salmantina de Esteban Isidro –con anterioridad propiedad de Lisardo Sánchez. En paralelo, esta dehesa servía de parada y fonda a los encierros que con anterioridad habían adquirido, como paso previo a su lidia en los cosos que controlaban. A veces, solo para que cogiesen el lustre imprescindible, que la precariedad económica de sus criadores no permitía.

En décadas pasadas, los hermanos *Chopera* compatibilizaban su actividad empresarial con el apoderamiento de algunos de los diestros más destacados del escalafón, entre los que se destacaban: Paco Camino, *El Cordobés*, Antoñete, el mexicano Manolo Martínez, Ángel Teruel, *Nimeño*, Juan Mora, Ortega Cano, José María Manzanares, Aparicio...

Entre los teatros taurinos que ha gestionado esta familia donostiarra a lo largo del siglo XX, se encontraban, los franceses de Toulouse -hasta su clausura-, Bayona y Mont, Dax...; Bilbao, Badajoz, Tudela, Donostia, Santander- que luego vendieron al Ayuntamiento-, Burgos, Logroño, Salamanca y Vitoria, Almería, Toledo, Aranda de Duero, Talavera de la Reina, Hellín, Alméndralejo, Madrid, Salamanca... En su haber cuentan con la construcción de algunos nuevos escenarios taurinos en Badajoz, Marbella, Burgos, Logroño y San Sebastián.

Durante los años ochenta, la familia *Chopera* explotó Las Ventas; acontecimiento que les permitió a alcanzar el cénit del planeta tauromáquico, gracias a la ambición y a la competencia de Manolo Martínez. Su paso por el foro madrileño supuso, además de mejorar sustancialmente sus resultados económicos, el apuntalamiento de la programación de la plaza de Madrid, a la que colocó con un número de abonos nunca antes visto. Además consolidaron la hasta entonces endeble Feria de Otoño.

Los hermanos José Antonio y Javier Martínez Uranga (San Sebastián, 1933) son la otra poderosa rama del frondoso árbol de los *Chopera.*

José Antonio es una persona discreta que siempre se ha mantenido alejado de los focos. Su figura siempre ha sido partidaria del segundo plano. Del mismo modo su camino siempre ha estado dirigido hacia la diversificación empresarial más allá de la industria taurina. Aunque, en los últimos años, ha mostrado un inesperado protagonismo al frente de la sociedad *Taurodelta*, gestora del escenario taurino de Madrid, en la que ejerce de cara visible su hijo, Manuel. Al mismo tiempo, su hermano Javier, ya desaparecido, era un hombre reservado y discreto. Al mismo tiempo los *Choperitas* han ejercido de apoderados de toreros tan importantes como, *El Niño de la Capea, Espartaco, Esplá, Litri*, Aparicio..., y de empresarios de los teatros taurinos de Vitoria y Salamanca.

Y para finalizar, los hijos de Manolo *Chopera*, Pablo y Óscar Martínez Labiano, conforman la cuarta generación de empresarios taurómacos. Coincidiendo con el arrendamiento del ruedo de Madrid, Pablo y Óscar, una vez finalizados sus estudios de Ciencias Económicas, el primero, y de Ingeniero Agrónomo, el segundo, fueron asumiendo las responsabilidades empresariales que les cedía su padre. De los dos hermanos, Óscar, tal vez, es quien más se parece a su padre. Mientras que Pablo, con un carácter más sobrio y reflexivo, podría encarnar las virtudes de sus tíos abuelos. En cualquier caso, es una persona muy trabajadora que, con frecuencia, rehúye el mundo de las relaciones externas.

Bibliografía:

Aramburu, Javier y Sagarzazu, Javier. "Paseos por la ciudad de Hondarribia". Ayuntamiento de Hondarribia, 2006.

Arrizabalaga Marín, Sagrario. Festejos de toros en Irun. Siglos XVI-XX. Irun. Valverde, 2000.

Azkune, Iñaki. Zezenak Euskal Herria. Bilbao, 1989.

Busca de Isusi, José María. Tauromaquia Vasca. Conferencia pronunciada en Noviembre, 1951, y publicada en el Boletín de la Cofradía Vasca de Gastronomía. San Sebastián, 1986.

Cossío, José María. Los Toros (Tratado Técnico e Histórico). España y Calpe, Madrid.

Elías, Imanol, y Lóinaz, Luis María. 100 años de historia taurina y de deporte rural. Plaza de Toros de Azpeitia, 1903-2003. Ayuntamiento de Azpeitia, 2003.

Elías, Imanol. El toro. Símbolo de la Fiesta en Guipuzkoa. Diputación Foral de Gipuzkoa, 1992.

Elías, Imanol. Guía Histórica y Taurina de Azpeitia. Ayuntamiento de Azpeitia, 1986.

García Elosúa, Eduardo. Retazos taurinos del pasado. Revista de las fiestas de San Roke de Deba, 2001.

Ortega y Gasset, José. Sobre la caza, los toros y el toreo. Alianza Editorial, 1986.

Paula Madrazo, Francisco de. Una expedición a Guipúzcoa. Madrid, 1848

Portu, Florentino. "Hondarribia: Notas históricas y curiosidades". Ayuntamiento de Hondarribia, 1989.

Solera Gastaminza, Antonio. Los toros en Guipúzcoa. Edición Solera Gastaminza. San Sebastián, 1974.

Talón, Vicente. Iztueta (1767-1854) y la fiesta de los toros en Euskal Herria. Vizcaya Taurina, 1969.

Tuduri Esnal, Francisco. Tolosa. En el centenario de una plaza. Fundazion Kutxa

Tuduri Esnal, Francisco. Zezenak Dira (de Erreguesoro a Illumbe parando en el Chofre). Fundación Kutxa. San Sebastián, 2000.

Hemerotecas

Hemeroteca Digital. Biblioteca Nacional de España (Toros)

Boletín de Loterías y Toros (Madrid, 1858-1885)

El Enano (Madrid, 1851-1858)

El Toreo (Madrid, 1874-1927)

Kafe con Media (Madrid, 1915)

La Fiesta Brava (Barcelona, 1926-1936)

La Lidia (Madrid, 1882-1927)

La Reclam Taurina (Valencia, 1926-1931)

Los Toros (Madrid, 1909)

Palmas y Pitos (Madrid, 1913-1915)

Pan y Toros (Madrid, 1896-1897)

The Kon Leche (Madrid,1912-1916)

Toros y Toreros (Madrid, 1916)

Hemeroteca Digital. Biblioteca Nacional de España (General)

El Español (Madrid, 1835)

El Globo (Madrid, 1875)

El Heraldo de Madrid (Madrid, 1890)

El Imparcial (Madrid, 1867)

El Liberal (Madrid, 1879)

El Popular (Madrid, 1846)

El Siglo Futuro (Madrid, 1875)

La Correspondencia de España (Madrid, 1860)

La Época (Madrid, 1849)

La España (Madrid, 1848)

La Esperanza (Madrid, 1844)

La Iberia (Madrid, 1854)

La Libertad (1919)

La Revista Española (Madrid, 1832)

La Unión (Madrid, 1872)

Mundo Grafico (1911)

Nuevo Mundo (Madrid, 1895)

Biblioteca Digital de la Comunidad Autónoma de Madrid:

El Arte Taurino de Madrid (1883)

Los Toros y el Teatro (Madrid, 1909-1910)

Biblioteca Digital de la Comunidad Autónoma de Castilla y León

Sol y Sombra (Madrid, 1897-1948)

Liburutegiadigitala.donostiakultura.com

El Correo de Guipúzcoa (San Sebastián, 1899-1912).

El Día (1930-1936)

La Unión Vascongada (San Sebastián, 1891-1903)

La Voz de Guipuzkoa (San Sebastián, 1885-1936)

Las Noticias de Guipúzcoa

Novedades (San Sebastián, 1909-1918)

Otras Hemerotecas.

ABC (Madrid, 1891)

El Diario Vasco (San Sebastián, 1916)

Las Noticias de Gipuzkoa (San Sebastián,)

El Mundo Deportivo (Madrid, 1906)

El Ruedo (Madrid, 1944-1977)

La Vanguardia (Barcelona, 1881)

Fondo Car-Kutxa Fototeka

Notas:

[i] **José Ortega y Gasset.** Sobre la caza, los toros y el toreo. Alianza Editorial, 1986.

[ii] **José María Busca de Isusi.** Tauromaquia Vasca. Conferencia pronunciada en San Sebastián, el 15 de Noviembre, 1951, y publicada en el Boletín de la Cofradía Vasca de Gastronomía. San Sebastián, 1986.

[iii] **Noticias de Gipuzkoa,** 18 de julio de 2011. Juan Luis Bikuña. El Eslabón con la Prehistoria. La raza del toro Betizu sobrevive gracias a la afición de Joxemari Plazaola.

Pasear por las laderas del monte Pagoeta, en Aia, es remontarse a otros tiempos porque en sus laderas y arbolados se encuentra el único eslabón, el enlace, el nexo vivo entre este mundo y la prehistoria, aquel toro que pintaron en las cuevas de Ekain o Karrantza. Cuando uno contempla el ganado betizu, el descendiente directo del *bos taurus primigenius* o *uro*, le dan ganas de exclamar, de gritar ¡viven! Y viven, en este caso, gracias a la afición y desvelos de Joxemari Plazaola, veterinario de la Diputación de Gipuzkoa. Ahí está el toro rojo de Euskal Herria, aquel que echaba fuego por los belfos y Aita Barandiaran describía en su *Mitología vasca* como guardián de la cueva de *Mari*, la diosa de cabellos de oro.

La raza betizu o la *casta navarra* (el betizu de Navarra) protagonizó importantes páginas de la tauromaquia. Aquel torito rojo que Goya o Zuloaga plasmaron en sus lienzos de retazos taurinos, de cornamenta en media y en forma de lira en las vacas. Toros fieros, que atacaban a todo lo que se movía, que se revolvían en un palmo de terreno y se hacían *molestos* para los diestros. Eso les llevó a la tumba porque el toreo, las formas del toreo, cambiaron el valor por la estética a finales del siglo XIX y las primeras luces del XX.

Eso, unido al poco rendimiento cárnico de este ganado, acabó, aparentemente, con los toros y vacas de Euskal Herria. Solamente una manada de betizus sin dueño vivía en las estribaciones del monte Larun y, cuando se construyó el tren-cremallera del col de Saint Ignace a la cima de la montaña, entre Sara y Azkaine, quedó eliminada. El toro vasco, fibroso y de sangre caliente, desapareció, mayormente, en combate, dando la cara. Algunos, muy pocos, quedaron diseminados por los bosques y montes vascos o en los sotos de la Ribera navarra. Y aquí comienza el trabajo de Joxemari Plazaola.

Veterinario vocacional, Plazaola es sobre todo un conservacionista de espíritu y un naturalista convencido, lo que explica su pasión por conservar esta raza. *"La razón más importante de que me preocupa por conservar esta raza es que estos animales existen y son un importante legado cultural. Hemos heredado de nuestros antepasados, de generación en generación, numerosos bienes, algunos estáticos como los monumentos megalíticos, pinturas rupestres, monumentos recientes... Y otros vivos y dinámicos como es el euskera, nuestra lengua"*, asegura. *"Es aquí, en este segundo grupo"*, continúa, *"donde debemos situar la raza betizu que, pese a los esfuerzos de muchas gentes, aún se encuentra en peligro de extinción y sobre nosotros recae la responsabilidad de que no desaparezca"*.

Efectivamente, el veterinario navarro, de Erlegi, Teófilo Etxeberria Belzunegi, afirmaba en un estudio de investigación que *"escribir sobre el ganado vacuno pirenaico resulta casi una osadía no exenta de riesgos. Se trata de una población animal cuyo origen, presumimos, es tan antiguo como el pueblo vasco. Hay que suponer que el desplazamiento de éste se vio acompañado por el de todos sus bienes, incluyendo los ganados. El euskara, o lengua de los vascos, y el vacuno pirenaico son, entre otros, restos únicos de la Europa indígena"*.

Plazaola se enteró hace algo más de 20 años de que en nuestros montes vivían ejemplares de betizus a punto de desaparecer. Lejos de su trabajo, por su propia cuenta, los fines de semana se desplazaba a caseríos, hablaba con *baserritarras* sobre si alguien había observado este ganado en las cercanías, buscaba rastros, información, etc. y así continúa, como si esta historia no acabara nunca. *"Es un trabajo que hago muy a gusto porque, si nosotros hemos recibido este legado, tenemos la obligación de traspasar esta herencia a futuras generaciones y que nadie pueda decir el día de mañana que hace tiempo existió una raza"*.

En Gipuzkoa viven alrededor de 240 vacas *calificadas,* y entre trece y quince toros también *calificados"*, es decir, puros, auténticos. En Bizkaia hay algunas cabezas en Dima; existen también en Lapurdi, en los montes de Biriatu; en zonas de Navarra (Goizueta, Leitza y Arano), en Baztán y en Baraibar, al pie de San Miguel de Aralar...

"Desconozco la cifra total de betizus que existen en Euskal Herria", señala Plazaola, que cree que el riesgo de extinción de esta especie es *"evidente"*. *"Para garantizar la supervivencia de la raza betizu y dejar el riesgo de desaparición tendría que haber más de mil cabezas en general, y aún estamos muy lejos de llegar a esa cifra"*, afirma el veterinario.

Plazaola considera que las administraciones de cada territorio *"deberían implicarse. Que la gente tome conciencia de la importancia de este ganado como herencia a preservar. Son animales que poseen una increíble aptitud para adaptarse a cualquier situación adversa en cuanto a clima y alimentación, por su rusticidad. Este ganado hace la labor de jardinero de nuestros montes, sí, sí,...Hay que ver, por ejemplo, cómo se encuentran los pinares y arbolados del monte Adarra, no hay jardinero que limpie el monte de esa manera"*.

Plazaola disfruta observando a las betizus -*"disfruto muchísimo viéndolo, observando sus reacciones, sus 'gustos', 'querencias'..."*-, y asegura que no hay un problema de consanguinidad en la reserva de Pagoeta: *"Me preocupo de traer toros calificados de otros lugares. No hay problema. La variabilidad está garantizada".*

La canción *Pasaiako herritik dator notizia, zezen bat irten dela jenioz bizia...*, popularizada por Mikel Laboa, nos cuenta las peripecias de un toro, posiblemente betizu, que se escapa de la plaza de Pasaia un día de Santiago. Por otra parte, el jesuita Manuel Larramendi, Aita Larramendi, (Andoain 1690-Loiola 1766), escribió sobre la gran afición de los vascos, en este caso guipuzcoanos, a los toros. Y recogió en su *Corografía de la Provincia de Guipúzcoa*, escrita en 1754, que *"es tan grande esta afición que, como se dijo por chiste por los de Salamanca, si en el Cielo se corrieran toros, los guipuzcoanos todos fueran santos para irlos a ver en el Cielo"*. Y añade sobre el ganado que se utiliza en las fiestas que *"en ocasiones especiales se traen toros de Castilla y de Navarra, fieros, que con su catadura sola espantan; pero en fiestas ordinarias y anuales se corren toros del país y acabada la corrida los llevan al monte y a sus caserías"*.

Desde tiempo inmemorial, estos animales han sido empleados en las plazas y calles de Euskal Herria para diferentes festejos taurinos. Los ganaderos subían al monte a atraparlos y, desde allí, llevarlos caminando a los pueblos en fiestas, como lo hacía, entre otros, Antonio Artetxe, *Saka*, padre del debarra Axensio. En las fiestas de Goizueta, según el veterinario Plazaola, bajaban betizus que pastaban en el monte propiedad del pueblo, para sacarlas en los festejos. Como lo hacían en la localidad vizcaína de Dima y en pueblos del valle de Arratia. Aún se recuerda el dicho "Arratiko txekorra, txikerra eta gogorra".

Pero con el torito fiero vasco se han cruzado también apuestas importantes, como la ocurrida en el siglo XVIII en Amezketa. El señor Arcelus, ganadero de Ataun, dejó caer que en su pueblo había un chico *"del caserío Amilleta, que no había cumplido aún 18 años"*, que era capaz de tumbar el toro que en ese momento se jugaba en la plaza *"haciéndole tocar el suelo con su cabeza agarrándole de los cuernos"*. Cuando llegó el reto a oídos del dueño del toro, se presentó este ante Arcelus y *"noblemente apostaron cinco onzas de oro para cada uno, con el fin de que al día siguiente el chico que trajera Arcelus jugara en la misma plaza con aquel toro"*. Así, cuando el toro embistió agachando la cabeza, el joven lo agarró por los cuernos y torciéndole el cuello (mancornándolo) logró *"que diera con su cabeza en el suelo, ora hacia un lado ora al otro lado"*. Los jueces dieron por ganada la apuesta del joven.

El toro betizu se mueve en un palmo de terreno. Es bravo, celoso y duro. Javier Arrizabalaga, de Leizarran Ganadutegia (Itziar-Deba), sacó el pasado año cinco betizus a la plaza de Zestoa, que celebraba sus fiestas. Cinco betizus que dieron un juego excelente. Las reacciones de los animales fueron las esperadas. Perseguían a los toreros con tal celo que no cejaban hasta tener la presa en sus cuernos.

Según Plazaola, *"este tipo de ganado creo que no saldrá nunca a las plazas para ser toreados con capa y muleta. Los toreros, y el toreo actual, requieren un ganado que no moleste. Por otra parte, el rendimiento cárnico es muy escaso. Pero sí valen para soltarlos en calles y plazas de los pueblos, en sokamuturra o simplemente para recortarlos, para jugar con el toro, como antaño. Son vivos, listos y se revuelven en un santiamén"*.

Mientras tanto, el betizu, el toro rojo de Euskal Herria, ha comenzado a verse con alguna asiduidad en las fiestas de los pueblos. Toros vivaces y listos, a los que deberán medirse jóvenes ágiles y con agallas que habrán de burlar las embestidas con el quiebro de cintura, el salto o la carrera como única arma. Ese es el juego con el toro, así es el toreo vasco por excelencia.

A comienzos de este año la ganadería de toros Reta de Casta Navarra, de Grozin, en Tierra Estella, ingresó en la Unión de Criadores de Toros de Lidia, la *santa santorum*, la más importante de las cinco de cabecera que existe en el panorama ganadero de bravo.

El hecho constituyó un paso importante para lo que supone el mantenimiento de la raza hermana de la betizu. Miguel Reta, además, quiere probar este ganado, posiblemente el próximo año, en novilladas sin caballos para ver los resultados y estudiar el futuro. La incógnita está en el aire...

[iv] De estos hechos da cuenta en su Gran Diccionario Tauromáquico [pags. 30-34, de la edición de 1879], José Sánchez de Neyra, quien se refiere a esta efeméride en los siguientes términos:

El interés privado divisó ya por entonces un objeto de lucro en la afición del público á las fiestas de toros. Así es que muchos particulares solicitaron y obtuvieron de los monarcas privilegios para dar funciones en cosos cerrados, y el primero de que nosotros tenemos noticia lleva la fecha de 27 de Enero de 1612. Taurologia.com

[v] La acreditada ganadería de **Atenco,** existente en el estado de México, la fundó el al conde de Santiago, en el siglo XIX, tras la que importaron de una punta de doce pares de machos y hembras navarras, y una segunda remesa posterior, de cincuenta pares de reses bravas.

El ganado de esta casa recuerda las características originarias de la ganadería de Pérez Laborda, gracias a su color: colorado, josco, y en general por su figura aleonada, sobre todo en los cuartos delanteros y musculación de las patas. Aunque escasos de cuerpo, son toros bravos, de mucho poder, a la vez que ligeros, codiciosos y francos de embestida. Se distinguen en particular del resto de las ganaderías, porque el juego que ofrecen en el primero y tercer tercio de la lidia. Pues el toro de Atenco, aunque se vea herido, se engarrota para no caer hasta que exhalan el último suspiro.

[vi] **Iztueta,** fue quizás el primer historiador en lengua vasca. Además de investigar y difundir el folclore vasco promovió grupos de danzas y organizó otro tipo de celebraciones, como las fiestas con motivo del primer aniversario del "Convenio de Bergara", firmado en agosto de 1840. (Museo de Zumalacárregui).

[vii] **Vicente Talón.** Iztueta (1767-1854) y la fiesta de los toros en Euskal Herria. Vizcaya Taurina, 1969.

[viii] **Palmas y Pitos**, enero de 1915.

[ix] **Las Noticias de Gipuzkoa**, 14 de agosto de 2112. Juan Luis Bikuña. El Hijo del marqués de Saka.

[x] Kutxafoteca.

[xi] **ABC**, 9 de diciembre de 1921. P,9.

[xii] **ABC,** 22 de enero de 1929.

[xiii] **La Vanguardia Española**, 7 de septiembre de 1945.

[xiv] Obra propiedad del Museo San Telmo de San Sebastián.

[xv] **La Revista Española.** Madrid, 3 de septiembre de 1833.

[xvi] **El Español, 9 de agosto de 1845.**

[xvii] **Boletín de Loterías y de Toros,** 4 de septiembre de 1860.

[xvii] **Biblioteca Nacional.** Biblioteca Digital del patrimonio Hispano Americano Iberoamérica.

Digital.net. **Autor.** Alonso, M.-(dibujante)-Litografía de Portabella (Zaragoza)-1881. Memoria de la seducción : carteles del siglo XIX en la Biblioteca Nacional.

[xviii] **Boletín de Loterías y de Toros,** 24 de enero de 1870.

[xix] **Biblioteca Digital** del patrimonio Hispano Americano Iberoamérica. Digital.net.

[xx] **Boletín de Loterías y Toros.** 22 de agosto de 1870.

[xxi] **El Enano**, 31 de agosto de 1885.

[xxii] **La Lidia**, 23 de agosto de 1886.

[xxiii] **El Imparcial**, 14 de septiembre de 1902. P, nº2.

[xxiv] Ref. Matuteneauzoa.com

[xxv] Gregorio González Galarza (Zegama 1869-Donostia, 1948). Colección Museo de San Telmo.

[xxvi] **El Enano,** 26 de junio de 1910.

[xxvii] **The Kon Leche,** 10 de agosto de 1914.

[xxviii] **Kutxa Fototeka**. Fondo Pascual Marín.

[xxix] Eduardo Vega de Seoane y Etxebarría era un conocido abogado de Cádiz, establecido en San Sebastián, donde falleció en 1951. En esta ciudad, él mismo, y varios familiares más, ejercieron de alcaldes.

[xxx] **El Ruedo,** 21 de agosto de 1947. Alfredo R. Antigüedad.

[xxxi] Ricardo Martín (Photo Carte). Archivo Kutxa Fototeka.

[xxxii] **Diario Vasco**, 15 de abril de 2012.

[xxxiii] En 1845 acudió a tomar las aguas en este balneario de Mondragón la reina Isabel II. Inaugurado en 1825, el magnicidio de Antonio Cánovas del Castillo, el 8 de agosto de 1897, entonces presidente del gobierno español, precipitó su cierre. Al año siguiente lo adquirió la orden de San Juan de Dios, que lo transformó en hospital psiquiátrico.

[xxxiv] Museo San Telmo (San Sebastián). Autor anónimo de 46,4 x 25.8 cm (1905).

[xxxv] **El Liberal,** 3 de agosto de 1880.

[xxxvi] **El Guardián Nacional,** 6 de septiembre de 1840.

[xxxvii] Cartel propiedad del Museo San Telmo de San Sebastián.

[xxxviii] **El Popular,** 16 de agosto de 1850.

[xxxix] **La Unión,** 30 de agosto de 1883.

[xl] **Eduardo García Elosúa.** Retazos taurinos del pasado. Revista de las fiestas de San Roke de Deba, 2001.

[xli] **La España**, 25 de agosto de 1868.

[xlii] **Boletín de Loterías y de Toros,** 25 de agosto de agosto de 1879.

[xliii] **La Época,** 22 de agosto de 1892.

[xliv] **La Correspondencia de España**, 29 de agosto de 1892.

[xlv] **La Fiesta Brava** (Barcelona), 9 de septiembre de 1932.

[xlvi] **El Toreo,** julio de 1903.

[xlvii] **Alberto Echaluce.** Una plaza que pasará a la historia. Diario Vasco, 17 de mayo de 2009.

[xlviii] **La Correspondencia de España**, 29 de agosto de 1893.

[xlix] La segunda Fotografía, M.D. Kutxa Fototeka.

[l] **Javier Aramburu y Javier Sagarzazu.** "Paseos por la ciudad de Hondarribia". Ayuntamiento de Hondarribia, 2006. Y **Florentino Portu,** "Hondarribia: Notas históricas y curiosidades". Ayuntamiento de Hondarribia, 1989.

[li] **El Toreo,** 30 de enero de 1893.

[lii] **Pan y Toros,** 19 de octubre de 1896.

[liii] **La Lidia,** 24 de mayo de 1915.

[liv]**ABC**, 29 de junio de 1910

[lv] **Sagrario Arrizabalaga Marín.** Festejos de toros en Irun. Siglos XVI-XX. Irun Irún. Valverde, 2000.

[lvi] **Toros y Toreros**. Fotografía de LLopis.

[lvii] www.antxo.com/es,

[lviii] Museo de Bellas Artes de Bilbao

[lix] **La Lidia,** 8 de agosto de 1887. *Don Jerónimo.*

[lx] **El Enano**, 14 de febrero de 1897.

[lxi] **El Popular,** 20 de junio de 1849.

[lxii] **La Época**, 9 de junio de 1850.

[lxiii] **El Toreo**, 20 de marzo de 1893.

[lxiv] **La Lidia,** 18 de febrero de 1918.

[lxv] Urbanidades. Worldpress.

lxvi **Diario Noticias** de Gipuzkoa.

lxvii **El Heraldo de Madrid,** 16 de julio de 1900.

lxviii **La Correspondencia de España,** 17 de septiembre de 1884.

lxix **El Día.** 31 de julio de 1930.

lxx **La Lidia.** Foto Marín.

lxxi **El País,** 14 de abril de 1992.

lxxii **El Día,** 24 de mayo de 1931.

lxxiii **El Toreo,** 31 de diciembre de 1894.

lxxiv **Eneko Andueza.** Gero Arte Lagun Maite ! Revista de la Federación Taurina de Bizkaia. Bilbao, 2009.

lxxv **Los Toros** (Tratado Técnico e Histórico). España y Calpe. Madrid, 1988. José María de Cossío y Antonio Díaz Cañabate. Tomo V. P, 579.

lxxvi **La Lidia**, obra de J. Palacios.

lxxvii **El Toreo**, 20 de mayo de 1925.

lxxviii **La Fiesta Brava,** 1927

lxxix La primera película de temática taurina, 'Militona o la Tragedia de un Torero', tenía un argumento muy cursi, inspirado en la visión muy simplista que algunos escritores franceses tenían acerca de las corridas de toros, quienes tenían como única referencia la obra de Teófilo Gautier sobre España. *Pedrucho* protagonizó el personaje principal. El resto de los actores lo completaban los galos, Paulette Landay, José Landay, Paúl Huard, además del español, Jaime Denesa. Las principales escenas taurinas se rodaron en la plaza de toros Las Arenas de Barcelona, y se estrenó en el Real Cinema de Madrid.

lxxx Fotografía publicada en la revista Deba, nº 49.

lxxxi **José Ramón Beitia.** El Chico de Deba. Revista Deba, nº49. Debako Kultur Elkartea.

lxxxii Fotografía de Carlos Pereletegui, publicada en el Diario Vasco.

lxxxiii **Mitaurored**. Foto de F. Sebastián

lxxxiv **Los Toros** (Tratado técnico e Histórico). José María de Cossío. Espasa y Calpe. Madrid, 1984. Tomo IV. P, 440.

lxxxv **ABC,** 11 de agosto de 1953.

lxxxvi **Tuduri Esnal, Francisco.** Tolosa. En el centenario de una plaza. Fundazion Kutxa.

[lxxxvii] Fotografía de N.G. Noticias de Gipuzkoa. 11 de agosto de 2012.

[lxxxviii] **Juan Luis Bikuña**. Noticias de Gipuzkoa, 11 de agosto de 2012. Txapasta el ultimo torero de Deba.

[lxxxix] **La España,** 4 de septiembre de 1848.

[xc] **El Enano.** 8 de julio de 19856.

[xci] **El Heraldo,** 24 de septiembre de 1852.

[xcii] **Patxi Aldabaldetrecu.** Toros en Euskal Herria. Deba Negua.

[xciii] **La Iberia**, 10 de septiembre de 1883. P, nº3.

[xciv] **Los Toros** (Tratado técnico e Histórico). José María de Cossío. Espasa y Calpe. Madrid, 1986. Tomo II. P, 311.

[xcv] **Mundo Grafico,** 27 de agosto de 1913.

[xcvi] **Boletín de Loterías y Toros**, 15 de diciembre de 1863.

[xcvii] **Palmas y Pitos**, 16 de noviembre de 1913. Foto Ojanguren

[xcviii] Discurso leído en las Fiestas Euskaras de Azkoitia de 1910 por Alfredo Laffite y Obineta. Revista Vascongadas, nº 219. Original de la Biblioteca Koldo Mitxelena Kulturunea. Diputación Foral de Gipuzkoa.

[xcix] **Tuduri Esnal, Francisco.** Zezenak Dira (De Erreguesoro a Illumbe parando en el Chofre). Fundación Kutxa. San Sebastián, 2000.

[c] **Iñaki Azkune**. Zezenak Euskal Herria. Bilbao, 1989.

[ci] **Los Toros** (Tratado técnico e Histórico). José María de Cossío. Espasa y Calpe. Madrid, 1986. Tomo II. P, 452.

[cii] **Francisco de Paula. Una expedición a Guipúzcoa en el verano de 1848.** Imprenta de Don Gabriel Gil. Madrid, 1849. Biblioteca Nacional de España.

[ciii] **El Popular**, 16 de agosto de 1850.

[civ] **La Esperanza**, 11 de agosto de 1852.

[cv] **La España,** 17 de junio de 1864.

[cvi] **Antonio Solera Gastaminza.** Los toros en Guipúzcoa. Edición Solera Gastaminza. San Sebastián, 1974.

[cvii] **La Lidia**, 25 de agosto de 1884.

cviii **Antonio Peña y Goñi** (San Sebastián, 1846-Madrid, 1896), escritor y académico de Bellas Artes. En la segunda mitad del siglo XIX, alternaba la crítica taurina con las reseñas musicales, de teatro y pelota. Uno de sus libros más sobresalientes de materia taurina es *Lagartijo, Frascuelo y su tiempo*. De la misma manera, algunas de sus composiciones musicales, especialmente los *zortzikos*, todavía son interpretados en Guipúzcoa. En su día, no había cantante, actor o pelotari que no se vanagloriase de su amistad. *"A base de sus lecciones de crónicas, se puede formar la mejor historia de todos los espectáculos habidos en España durante la segunda mitad del siglo ultimo"*, según dejó escrito Indalecio Prieto, sobre Peña y Goñi.

cix **El Día,** 17 de septiembre de 1935.

cx **La Fiesta Brava**, 9 de noviembre de 1928.

cxi **Fototeca Kutxa** (publicada en el Diario Vasco)

cxii **Paulino Uzkudun** en una plaza de toros. Fototeka Kutxa.

cxiii Foto Marín y Ortiz.

cxiv **Los Toros** (Tratado técnico e Histórico). José María de Cossío. Espasa y Calpe. Madrid, 1986. Tomo II. P, 1007-

cxv **La afición taurina de Zuloaga.** Articulo basado en los trabajos de Mariano Gómez de Caso, publicados en Revista Cultural números 27, octubre, 1ª parte y 28, noviembre, 2ª parte.

cxvi **Antonio Díaz Cañabate**. ABC, 2 de julio de 1968.

cxvii **La Iberia**, 1 de agosto de 1882.

cxviii **La Lidia,** 23 de agosto de 1886.

cxix **Palmas y Pitos**, 15 de marzo de 1915

cxx **El Imparcial,** 12 de agosto de 1886.

cxxi **Frontón Beti Jai (**Calle del Marqués de Riscal, 7). El máximo interés del juego de la pelota residía en las apuestas dinerarias, hasta que las suprimió la dictadura de Calvo Sotelo. De estilo neo mudéjar, en este frontón se jugaba a punta-volea (Joao-Garbi) con guante y cesta de mimbre. Las empresas y pelotaris, en su mayoría, procedían del País Vasco. Entre sus principales figuras se encontraban: Irún, Portal, Muchacho, Tandilero, Elicegui, Boloqui, Gamborena, *Txikito de Abando,* Manco, Rekondo, Arakistaín, Uranga, Sarasua... Se programaban funciones a diario salvo los días de corridas de toros.

El monumental frontón Beti-Jai ("siempre fiesta") se encontraba erigido en la entonces denominada avenida de la Virgen de las Azucenas, en el barrio de Almagro, en el Ensanche de Madrid, a dos pasos del paseo de la Castellana y la Glorieta de Rubén Darío. El frontón más antiguo de Madrid, fue inaugurado el 29 de abril de 1894 sobre una parcela de 3.600 metros cuadrados, siguiendo el proyecto del prestigioso arquitecto Joaquín Rucoba y Octavio de Toledo (Laredo, 1844. Santander, 1919), también autor del nuevo Teatro Arriaga de Bilbao, quien, igualmente, se inspiró en el ya desaparecido frontón Beti-Jai de San Sebastián, obra de José Goicoa a quien se lo encargó José Arana (Sociedad Arana, Unibaso y CIA). Este proyecto, en 1891, una de las primeras construcciones de hierro, fue promovido por el empresario de 'El Txofre'. Su inauguración oficial tuvo lugar el 29 de mayo de 1894, con la asistencia de 4.000 espectadores que llenaron todo su aforo, divididos en cuatro plantas con sillas, y plateas, palcos, sobrepalco y una gran terraza, repartidas en una superficie de 14.000 metros cuadrados, previa inversión de 500.000 pesetas.

La fachada contaba con siete balcones con balaustrada de mármol. Las medidas de la cancha y contracancha eran superiores a las de los actuales frontones, 67 y 20 metros, y 11 metros de alto. En la parte posterior del edificio se encontraban los servicios de bar y restaurante de cocina vasca. Un ómnibus conectaba el frontón con la Puerta del Sol. Sus primeros intendentes fueron Genaro Arrate Elordi, a quien con posterioridad sustituyó Indalecio León Sarasqueta *Txkito de Eibar.*

En los años de mayor esplendor del *sport* vasco, la capital madrileña llegó a contar con veinte frontones operativos, entre los que sobresalía el Beti- Jai. Este último frontón estuvo operativo hasta 1919, en que el juego de la pelota fue poco a poco desplazado por el *football.* En 1924 cerró sus puertas.

Entre las funciones que ha acogido el Beti- Jai, el matemático, ingeniero, e inventor, Leonardo Torres Quevedo, ubicó el Centro de Ensayos Aeronáuticos, donde realizó las pruebas del Telekino, el primer mando a distancia de la historia, capaz de imprimir movimiento a vehículos, trenes o barcos. Los siguientes años, sirvió de escenario a numerosos mítines políticos.

Durante los años de la guerra civil, el antiguo frontón se reconvirtió en comisaría de policía y cárcel. Y en la postguerra era el lugar en el que ensayaban las bandas de cornetas de la Falange. Con posterioridad, acogió un taller de reparaciones de coches de la casa Citroën, y un garaje al aire libre hasta que en 1987 lo adquirió un grupo de empresarios vascos. Ese mismo año, Basilio Martín Patino rodó, en sus ruinas, la película 'Madrid'.

El edificio, actualmente con una superficie de 10.800 metros cuadrados sobre una parcela de 3.609, está catalogado en el Plan General de Urbanismo como singular y protegido en el Conjunto Histórico de la Villa de Madrid. En 1991 el edificio fue declarado Monumento Nacional. En 2011, la Comunidad de Madrid lo catalogó de Bien de Interés Cultural.

[cxxiii] **El Heraldo**, 23 de diciembre de 1901 (El Barquero)

[cxxiv] **El Día**, 4 de julio de 1902.

[cxxv] **La Correspondencia de España**, 7 de diciembre de 1908.

[cxxvi] **El Globo**. Diario Ilustrado.

[cxxvii] **Kafe Kon Leche**, 1913.

[cxxviii] **Nuevo Mundo**

[cxxix] **El Siglo Futuro**, 24 de abril de 1906.

[cxxx] **Palmas y Pitos**, 7 de febrero de 1915.

[cxxxi] **Kutxa Fototeka.**

[cxxxii] Según la critica aparecida en las paginas del ABC, esta obra teatral era *"una ocurrencia cómico-lírica"* (...) *"obra que obtuvo un existo muy lisonjero. Tanto el libro como la partitura gustaron mucho. Autores y actores salieron infinidad de veces a escena a recibir los aplausos del público"*.

Otras publicaciones de las que fue autor el empresario, fueron: Salustiana (1922), Una Aventura Ruidosa: Caso de Filosofía Humorística (1925) y el Momento Taurino, conferencia pronunciada en el Club Cocherito (1931).

[cxxxiii] **ABC**, 20 de agosto de 1930. P, 23.

[cxxxiv] **The Economist**. September 14 th 2002. The obsequies for Manolo Chopera have been many and ornate. It was noted by some that he died at around six in the evening, just as the day was cooling and the crowds were taking their seats in Las Ventas. With perfect timing the man who made the show possible would be present in spirit to check all was in order. It sounds mawkish, but perhaps not if you are a bullfighter.

9 788461 655311